Erläuterungen und Dokumente

Friedrich Schiller
Kabale und Liebe

Von Walter Schafarschik

Philipp Reclam jun. Stuttgart

Schillers »Kabale und Liebe« liegt unter Nr. 33 in Reclams
Universal-Bibliothek vor. Alle Seiten- und Zeilenangaben
beziehen sich auf diese Ausgabe.

Universal-Bibliothek Nr. 8149
Alle Rechte vorbehalten
© 1980 Philipp Reclam jun. GmbH & Co., Stuttgart
Gesamtherstellung: Reclam, Ditzingen. Printed in Germany 1997
RECLAM und UNIVERSAL-BIBLIOTHEK sind eingetragene Marken
der Philipp Reclam jun. GmbH & Co., Stuttgart
ISBN 3-15-008149-1

Inhalt

I. Wort- und Sacherklärungen 4

II. Fragment der ersten Niederschrift und Varianten 57
   1. Fragment der ersten Niederschrift (›Bauerbacher Fragment‹) 57
   2. Varianten aus dem ›Mannheimer Soufflierbuch‹ 60

III. Der Stoff 67
   1. Literarische Einflüsse 67
   2. Württembergische Zustände unter Herzog Karl Eugen 71

IV. Dokumente zur Entstehung 82
   1. Erste Gedanken und Entwürfe 82
   2. Die Bauerbacher Fassungen 85
   3. Die Druckfassung und die Mannheimer Theaterbearbeitungen 90

V. Dokumente zur Wirkungsgeschichte 99
   1. Urteile unmittelbar nach Erscheinen des Stücks 99
   2. Dokumente aus dem 19. Jahrhundert . . . 104
   3. Zur Wirkungsgeschichte im 20. Jahrhundert . 115

VI. Texte zur Diskussion 134

VII. Literaturhinweise 145

I. Wort- und Sacherklärungen

Titel

Kabale und Liebe: aus neuhebr. quabbālā ›Überlieferung, Geheimlehre‹. Mit negativer Bedeutung dann frz. cabale ›Ränke, Intrige‹. In dieser Bedeutung in Deutschland seit dem 17. Jh. Der Titel »Kabale und Liebe« trat auf Vorschlag des Mannheimer Schauspielers und Theaterdichters August Wilhelm Iffland (1759–1814) Anfang des Jahres 1784 an die Stelle des von Schiller urspr. vorgesehenen Titels »Louise Millerin«. Iffland folgte mit dieser Titelgebung einer Modeströmung der Zeit; vgl. Friedrich Maximilian Klingers (1752–1831) Schauspiel »Wirrwarr« (1776), dem Christoph Kaufmann (1753–95) den Titel »Sturm und Drang« gab, der dann als Epochenbezeichnung übernommen wurde. Das Wort ›Kabale‹ kommt im Text selbst dreimal (28,33; 42,13; 49,27) vor und wird auch von Schiller sonst verwendet, vgl. »Die Räuber« IV,2.

bürgerliches Trauerspiel: Um 1630 tritt das Wort ›Trauerspiel‹ bei Martin Opitz in der Zusammensetzung ›Trauerspielschreiber‹ auf. Bei Lessing dann in der vorliegenden Verbindung: »Ich habe eine Menge unordentlicher Gedanken über das bürgerliche Trauerspiel aufgesetzt.« Vgl. dazu auch: Klaus Weimar: ›Bürgerliches Trauerspiel‹. Eine Begriffsklärung im Hinblick auf Lessing. In: Deutsche Vierteljahrsschrift 51 (1977) S. 208–221.

Personen

Präsident von Walter: Präsident in der Bedeutung von ›Premierminister, Präsident des Ministerkollegiums‹, vgl. dazu 56,35 f. Urspr. stand im Personenverzeichnis ›Minister‹, Schiller änderte im ›Mannheimer Soufflierbuch‹ (vgl. Kap. II,2) in ›Präsident‹. In der ersten Fassung des Stücks (vgl. ›Bauerbacher Fragment‹, Kap. II,1) hieß sein Sohn Ferdinand ›Wieser‹, nicht ›Walter‹. Über den Bezug zu Graf Montmartin vgl. Kap. III,2.

Hofmarschall von Kalb: ahd. marahscalc, mhd. marschalc

I. Wort- und Sacherklärungen zu den Personen

›Pferdeknecht‹; aus ahd. marah ›Pferd‹, fem. mer(i)ha (Mähre) ›Stute‹, und ahd. scalc ›Knecht‹. Später dann ›Aufseher über die Pferde eines Fürsten‹. Daraus entwickelte sich das Amt des Hofmarschalls (aus frz. maréchal rückentlehnt) als obersten Beamten für die Verwaltung des fürstlichen Haushalts und für das Hofzeremoniell. – Als Schiller im Mai 1784 mit Heinrich und Charlotte von Kalb, geb. von Ostheim, in Mannheim zusammentraf, ergab sich für ihn eine schwierige Situation. Sein Freund Andreas Streicher gibt darüber Auskunft: »Als Kabale und Liebe wieder aufgeführt wurde, hatte Schiller die Aufmerksamkeit, den Namen des Hofmarschalls umschaffen zu wollen. Allein Herr und Frau von Kalb dachten viel zu groß, um sich durch einen erdichteten Namen irren zu lassen, und widersetzten sich einer Abänderung aus dem sehr richtigen Grunde, daß ein anderer Name als der frühere die Vermutung herbeiführen müsse, als sei der vorherige auf jemand aus ihrer Familie abgesehen gewesen« (Streicher: Schillers Flucht von Stuttgart und Aufenthalt in Mannheim von 1782 bis 1785. Hrsg. von Paul Raabe. Stuttgart 1968. Universal-Bibliothek Nr. 4652 [3]. S. 173). Dennoch ist im ›Mannheimer Soufflierbuch‹ an zwei Stellen (I,6 und III,2) der Name Kalb getilgt.

Lady: (engl.) Titel für eine adlige Dame.

Favoritin: vom Fürsten begünstigte Hofdame, Geliebte, zu frz. favorite ›Günstling, Liebling‹.

Kunstpfeifer: »Kunstpfeifer [...] einstmals Ehrenname der städtischen zünftigen Musikanten« (Grimmsches Wörterbuch). Die Kunstpfeifer haben in Württemberg auch bisweilen im herzoglichen Orchester mitgewirkt.

Kammerjungfer: Kammerfräulein, Bedienstete für die Damen des fürstlichen Hofes. ›Kammer‹ wurde wie frz. chambre für das Wohngemach des Fürsten gebraucht. »Als erstes Kompositionsglied wird es im 18. Jh. auch für das gesamte Personal gebraucht, das zur näheren Umgebung eines Fürsten gehört« (Paul). ›Jungfer‹ bezeichnet in der Grundbedeutung ›Frau, Dame ritterlichen Standes‹, später dann im Bürgertum für ›unverheiratetes Mädchen‹.

Erster Akt. Erste Szene

5,3 *Musikus:* lat. musicus, jedoch schon um 1600 ›Musikant‹, um 1800 ›Musiker‹. Im ›Mannheimer Soufflierbuch‹ ersetzt Schiller die alte Form durch ›Musikant‹.

5,4 *Violoncell:* Kurzform zu ital. violoncello ›Kniegeige‹.

5,5 *Millerin:* Zur Bezeichnung der Ehefrau und der unverheirateten Tochter wurde das Suffix -in an den Familiennamen angehängt; -in geht auf ein idg. Suffix zurück, das in der dt. Wortbildung zur Bildung von Femina aus Maskulina dient, z. B. König/Königin.

5,7 *Einmal für allemal:* ältere Form von ›ein für allemal‹.

5,8 *Handel:* noch frühnhd. in der allgem. Bedeutung ›etwas, womit man zu tun hat, Geschäft, Angelegenheit‹. Später dann auch mit der Nebenbedeutung des Unangenehmen wie hier.

5,9 *Baron:* (frz.) Freiherr, Landedelmann.
ins Geschrei: hier in der frühnhd. Bedeutung ›Gerücht, schlechter Ruf‹.
verrufen: in schlechten Ruf bringen, urspr. durch öffentlichen Ausruf auf ein Vergehen hinweisen, vgl. Anm. zu 11,28.

5,10 *bekommt Wind:* aus der Jägersprache: ›etwas wittern‹, der Wind läßt den Hund den Geruch des Wildes wahrnehmen.

5,10 f. *ich biete dem Junker aus:* verbiete dem Junker das Haus. *Junker:* mhd. junc-herre, urspr. ›adliger Knabe, bevor er zum Ritter geschlagen wird‹, dann bis ins 18. Jh. ›Sohn eines adligen Herrn‹, später auch ›Gutsherr, Grundbesitzer‹.

5,12 *in dein Haus geschwatzt:* beschwatzt, in dein Haus zu kommen.

5,17 *koram nehmen:* lat. coram ›im Angesicht, in Gegenwart, vor‹. In der Studentensprache und dann volkstümlich ›jemanden vornehmen, ihm Vorhaltungen machen‹.
Major: span. mayor ›höherer Offizier‹; Offiziersdienstgrad zwischen Hauptmann und Oberstleutnant.

5,18 *auftrumpfen:* derb die Meinung sagen.

5,18 f. *Seiner Exzellenz:* (lat.) Vortrefflichkeit, Erhabenheit. Seit dem 16. Jh. Titel für Minister und hohe Beamte, heute noch im diplomatischen Dienst für den Botschafter. ›Seine‹ wird gebraucht, wenn von dem Titelträger ge-

I. Wort- und Sacherklärungen zu I,1

sprochen wird, ›Eure‹, wenn er direkt angesprochen wird. Der Titel soll auf etwas hinweisen, was zur Person hinzukommt als besondere Eigenschaft.

5,19 *stecken:* im Sinne von ›zustecken‹, jmdm. energisch und deutlich etwas sagen.

5,20 *bringt's mit einem Wischer hinaus:* bringt's mit einem Verweis hinter sich.

5,21 *Wetter:* Unwetter, Unglück.
Geiger: Kniegeiger, vgl. Anm. zu 5,4.

5,22 *Possen:* Unfug, dummes Zeug.

5,24 *Profession:* (lat./frz.) Gewerbe, Beruf.
Scholaren: (lat.) Schüler, gemeint sind Millers Instrumentalschüler.

5,27 *Kommerz:* (lat./frz.) Handel, Verkehr, im Gegensatz zu 5,8 rein wirtschaftlich.
Nehmen: zur Frau nehmen, heiraten.

5,28 f. *zu einer:* vgl. 8,1, Miller wagt nicht, daran zu denken.

5,29 *Gelt:* (oberdt.) nicht wahr?, Konj. Präs. zu ›gelten‹. Bei Wetten: ›Nicht wahr, es gelte!?‹

5,30 *Musje von:* ›Herr von‹, aus frz. Monsieur; üblicher Fremdwortgebrauch im einfachen Volk, vgl. dazu auch die Verballhornungen von Millers Frau.

5,31 *herumbeholfen:* Liebesabenteuer gesucht hat, sich mit dieser oder jener beholfen hat.
Henker weiß: ›Henker‹ wird in dieser und ähnlicher Wendung als Umschreibung für ›Teufel‹ verwendet.

5,32 *als:* schwäb., alles.
gelöst: im Sinne von ›erlösen, einhandeln, erhalten‹. Miller meint hier die Erfahrungen bei Frauen.
guten Schluckers: Ferdinand. Schlucker bedeutet frühnhd. ›einer, der viel ißt und trinkt‹; ›der gute Schlucker‹ bei Schiller mehrfach im Sinne von ›der arme Schlucker‹, also mitleidig, verächtlich.

5,33 *süß Wasser:* gutes, frisches Wasser, bildhaft für die reine Liebe von Luise, im Gegensatz zu dem, was Ferdinand bei den von Miller vermuteten früheren Liebesverhältnissen an ›abgestandenem Wasser‹ geschmeckt hat.

6,1 *jedem Astloch:* in der hölzernen Tür oder Wand, um das Paar zu beobachten.

6,2 *Vor jedem Blutstropfen:* der in den Adern des Mädchens ist und in Leidenschaft geraten könnte.

Schildwache: mhd. schiltwache, Wache in voller Rüstung mit dem Schild, später dann allgem. ›Wache‹.

6,3 *auf der Nase:* unmittelbar vor den Augen.

eins: ein Kind.

6,4 *führt sich ab:* begibt sich fort, macht sich davon.

6,4 f. *verschimpfiert:* mhd. (en)schumphieren um 1200 aus altfrz. desconfire ›besiegen‹. Später dann in Form und Bedeutung auf ›Schimpf‹ bezogen: ›verunglimpft‹. In dieser Bedeutung auch in Paul Gerhards bekanntem Kirchenlied »O Haupt voll Blut und Wunden«.

6,5 f. *Handwerk:* vgl. 5,28 f. und 8,1.

6,6 *verschmeckt:* schmecken: (oberdt.) kosten, Geschmack finden.

6,9 *Es hat sich zu behüten:* ›hat‹ zu betonen. Sinn: Gewiß ist Gottes Obhut nötig.

6,10 *Windfuß:* unbekümmertes oder auch leichtsinniges Wesen.

Absehen: Absicht.

6,11 *führt seinen netten Fuß:* hat einen netten, schönen Gang.

6,13 *parterre:* (frz.) zu ebener Erde, im Erdgeschoß. Hier: der übrige Körper, unterhalb des Kopfes.

6,14 *Springinsfeld:* lebhafter, auch leichtsinniger junger Mensch, vgl. 6,10.

6,16 *Rodney:* Georges Brydges Rodney (1718–92), engl. Admiral, kämpfte im engl.-frz. Kolonialkrieg und besiegte die frz. Flotte 1782 bei San Domingo.

6,17 *alle Segel dran:* alle Segel werden gesetzt, um so schnell wie möglich an den Feind zu kommen. Miller bleibt im Bild des Seekrieges.

6,18 *verdenk's ihm:* nehme es dem Springinsfeld gar nicht übel; mhd. verdenken ›Übles von jemandem denken‹.

6,20 *Billeter:* Briefchen, aus frz. billets ›kleine versiegelte Briefchen‹, eine jener in Anm. 5,30 genannten ›Eindeutschungen‹.

6,21 *als:* (schwäb.) immer; auch als bloßes Füllwort gebraucht. Vgl. dagegen Anm. zu 5,32.

6,23 *schöne Seele:* Dieser Ausdruck schon bei den Mystikern gebräuchlich. Im 18. Jh. dann unter dem Einfluß von frz. belle âme aus Rousseaus »Nouvelle Héloïse« (1761) »fast zum terminus technicus geworden« (Grimmsches Wörterbuch).

I. Wort- und Sacherklärungen zu I,1

6,26 f. *Boten gehen lassen:* als Boten gehen lassen, einen Auftrag überbringen.

6,28 *topp machen:* Topp als Ausruf und Zeichen der Einwilligung in ein Geschäft: ›es gilt‹, verbunden mit dem Handschlag, der durch das Wort wahrscheinlich lautlich unterstrichen wird.

wutsch: lautmalend für eine schnelle Bewegung, dazu das Verb ›wutschen, witschen‹.

6,29 *nehmen ... ein Exempel:* nehmen ein Beispiel.

6,30 *silberne Mond:* Anspielung auf die Mondpoesie der Zeit, z. B. Ludwig Christoph Heinrich Höltys (1748–76) »Die Mainacht«: »Wann der silberne Mond durch die Gesträuche blickt ...«

6,31 *Kuppler:* kuppeln früher wie ›koppeln‹: durch ein Koppel verbinden; im 19. Jh. dann auf Liebesverhältnis und Ehe bezogen.

6,33 *Major ... geschafft haben:* Hier wird vom abwesenden Major in der 3. Pers. Pl. gesprochen, in der ehrerbietigen Form gegenüber Adligen.

6,35 *Witz:* ahd. witzi, bezeichnet urspr. das allgem. Denkvermögen, im 17. Jh. verändert sich die Bedeutung im Sinne von frz. esprit ›Fähigkeit zu geistreichen Einfällen‹, erst später dann ›komischer Einfall‹. Hier: du verstehst den Sinn, du hast die richtige Auffassung davon.

6,36 *rohe Kraftbrühen:* Miller hier bildlich: das natürliche, unverfälschte Wesen von Luise; das Adjektiv ›rohe‹ in starker Flexion.

Ihro Gnaden: ›Ihro‹ ist der Form nach alter Dat. Sing. Fem. oder Gen. Pl. von ›ihr‹. Erst gegen Ende des 17. Jh.s kam das unveränderliche possessive ›ihro‹ in Verbindung mit Titeln auf, im Sinne einer Zustandsbezeichnung. Der Pl. ›Gnaden‹ ist lat. Titel nachgebildet: vestra clementia. ›Ihro Gnaden‹, wenn von der Person gesprochen wird, ›Euer Gnaden‹, wenn sie angesprochen wird.

6,37 *Makronenmagen:* Magen, der an Makronen gewöhnt ist. Makronen, aus frz. macaron, sind ein Kleingebäck. Miller bleibt im Bild: Der Adel ist an das Besondere gewöhnt, auch in der Liebe.

6,38 *Pestilenzküche:* lat. pestilentia ›ansteckende Krankheit, Pest‹. Dann auch übertragen ›schlimmes Übel, das sich schleichend ausbreitet‹.

Bellatristen: (frz.) Belletristen, Verfasser schöngeistiger Schriften, Romane, die nach Millers Ansicht natürliches Empfinden und echte Gefühle verfälschen.

6,39 *Quark:* hier: Unbedeutendes, Wertloses.

6,40 *als für:* alles für, vgl. Anm. zu 5,32.

7,1 *Alfanzereien:* mhd. alevanz, ›der aus der Fremde gekommene Betrüger‹, aus ital. all'avanzo, ›zum Vorteil‹. Hier: Albernheiten.

spanische Mucken: schwäb. Mucke ›Fliege‹. ›Spanische Fliegen‹ wird eine südeuropäische Käferart genannt, aus der das hautreizende Kantharidin gewonnen wird, das früher auch als sexuelles Reizmittel verwendet wurde.

7,3 *soso:* so einigermaßen, leidlich.

7,5 *Teufelsgezeug:* Teufelszeug, landschaftlich neben ›Zeug‹ auch immer ›Gezeug‹, bei Schiller öfter.

7,6 *Schlaraffenwelt:* spätmhd. slüraffe ›dem Genuß lebender Müßiggänger‹; aus slür ›Faulenzer‹ und Affe. Schon vor der Verbreitung des Märchens vom Schlaraffenland als Schimpfwort.

7,8 *verschlägt mir:* vertreibt mir, bringt mich um ...

7,11 f. *Gleich muß die Pastete:* volkstümlich: Gleich muß die schlimme Sache erledigt werden. Miller will zum Präsidenten gehen. *Pastete:* feingehackte würzige Fleisch- oder Fischspeise, Gemüse- oder Pilzgericht in einer Teighülle.

7,13 f. *wo Meister ... gemacht hat:* umgspr., wo die Tür ist.

7,15 *Groschen:* mhd. grosse aus mittellat. grossus ›(Dick-)Pfennig‹, dt. Silbermünze, meist im Wert von 1/24 Taler. Um 1300 setzt sich die tschech. Aussprache ›grosch(en)‹ durch. Jährliche Lebenshaltungskosten für einen Studenten um 1787: 200–300 Taler (knapp), 300–700 Taler (reichlich).

7,16 *Präsenter:* Präsente, aus frz. présent ›Geschenk, kleine Aufmerksamkeit‹. Vgl. Anm. zu 6,20.

7,18 *Blutgeld:* Sühnegeld, das der Mörder dem zahlt, der eigtl. Blutrache üben müßte.

Schier: stark flektierter Imperativ zu dem schw. Verb ›sich scheren, sich packen‹.

infame: lat. infamus, ›ehrlos‹.

7,19 f. *auf den Bettel herumziehen:* auf den Bettel gehen, betteln gehen; *Bettel:* urspr. ›das Betteln‹.

I. Wort- und Sacherklärungen zu I,1

7,20 *um was Warmes:* um ein warmes Essen.

7,21 f. *Mist im Sonanzboden führen:* Mist im Resonanzboden des zerschlagenen Cellos ausfahren; ›führen‹ bedeutet schwäb. ›jmdn. oder etwas fahren, befördern‹.

7,23 f. *abverdient:* Präfix ab- verstärkt hier das Verb in Richtung auf ›übermäßig, vollständig‹, vgl. ›abdienen, absitzen‹; hier im Zusammenhang mit *Seel' und Seligkeit* bes. deutlich.

7,24 f. *vermaledeiten Kaffee ... Tobakschnupfen:* Kaffee und Tabak waren im 18. Jh. Luxusgüter und unterlagen hohen Steuern. Hier spricht Schiller aus Erfahrung, da er selbst ein starker Tabakschnupfer und Kaffeetrinker war. Schiller an Reinwald, 21. 9. 1783: »Schicken sie mir wiederum 1/2 Pfund von dem guten Schnupftobak, den sie mir schon etliche mal ausgemacht haben.« Tabakschnupfen war im 18. Jh. weiter verbreitet als Rauchen. ›Tobak‹ Nebenform zu Tabak, aus engl. tobacco.

7,28 *vertrackter Tausendsasa:* vertrackt: verzerrt, hintergründig, schwierig. In Verwünschungen, wie hier, verschwindet diese Bedeutung zugunsten von ›verflucht‹. Tausendsassa: geschickter, aber unzuverlässiger Mensch, tritt häufig in Zusammenhang mit Flüchen auf: tausendsassa Sakerment, ei der tausendsassa, verhüllend für ›Teufel‹. Diese Bedeutung muß hier angenommen werden. *geschmeckt:* (schwäb./oberdt.) gerochen.

7,30 *den Augenblick:* diesen Augenblick, in dem Augenblick.

7,31 *disguschtüren:* disgustieren, aus frz. dégoûter ›den Geschmack verderben, vor den Kopf stoßen‹; eine der Verballhornungen von Millers Frau.

7,32 *Sie des Präsidenten Sohn sind:* Millers Frau spricht hier im Gegensatz zu ihm vom abwesenden Major in der untertänigen 3. Pers., was ihre Beschränktheit unterstreicht.

7,33 *liegt der Has' im Pfeffer:* bildl. Ausdruck für ›daran liegt es, das ist die Ursache‹, da Pfeffer auch ›mit Gewürz bereitete Soße‹, also die Ursache für den Geschmack ist.

7,34 *Sach ... auseinander:* das Verhältnis muß beendet werden, vgl. Anm. zu 7,11 f.

7,36 *plüschenen:* aus Plüsch, frz. peluche ›Wollsamt‹. Akk. einer Adjektivbildung mit dem Suffix -en vom Typ ›golden‹.

7,39 *Dero:* ahd. Gen. Plur. von ›der‹, vgl. Anm. zu 6,36 *Ihro Gnaden.*
8,2 *basta:* ital./span. basta ›es ist genug‹.

Zweite Szene

8,5 *Sekertare:* Sekretare, Sekretarius, vgl. Personenverzeichnis.
8,6 *Vergnügen von Ihnen:* umgspr., das Vergnügen ihrer Gegenwart.
8,7 *Frau Base:* im Schwäbischen Anrede unter guten Bekannten, ohne Verwandtschaftsbeziehung, vgl. auch 9,22 *Vetter.*
8,8 *Kavaliersgnade:* ihre Gnaden, ein Kavalier; gemeint ist Ferdinand; frz. cavalier ›Ritter‹, in Deutschland im 17. Jh. ›adliger Herr‹.
einspricht: einkehrt, Besuch macht.
8,8 f. *bürgerliches Vergnügen:* das Vergnügen meines bürgerlichen Besuches, als bloßer Bürger.
8,11 f. *je und je:* zuweilen.
8,12 *Bläsier:* Pläsier, frz. plaisir ›Vergnügen‹.
8,13 *verdrüßlich:* im 18. Jh. mit Anlehnung an ›Verdruß‹ für ›verdrießlich‹.
8,14 *Landsmann:* Miller verwendet den sehr allgem. Ausdruck, der jeden bezeichnen kann, um keine Vertraulichkeit zu zeigen.
8,17 *will doch nicht hoffen:* Zu ergänzen wäre: »Daß es ihr schlecht geht.«
8,18 *Mamsell Luisen:* Mamsell aus frz. mademoiselle ›Fräulein, Jungfer‹, ehrende Bezeichnung für bürgerliches, unverheiratetes Mädchen. ›Luisen‹ ist Akk. des Eigennamens, der im 18. Jh. in allen Fällen noch schwach flektiert werden konnte.
8,19 *Danken:* Wir danken.
8,22 f. *Bedauern's ... Sekertare:* Wir bedauern es, daß sie die Ehre vom Besuch des Herrn Sekretarius nicht haben kann.
8,23 *Mess':* Messe, Gottesdienst, von kirchenlat. missa ›Opferfeier‹.
8,25 f. *Ich werd ... an ihr haben:* vgl. Lessing, »Emilia Galotti«, II,7: Appiani: »So recht, meine Emilia! Ich werd eine fromme Frau an Ihnen haben.«

I. Wort- und Sacherklärungen zu I,2   13

8,28 *kneipt:* Der nhd. Form ›kneifen‹ ist im 18. Jh. die niederdt., ältere ›kneipen‹ gleichwertig.
9,2 *vor seinem Glück sein:* vor seinem Glück stehen.
9,3 *merken:* älterer Gebrauch mit Akk. ›verstehen‹.
9,6 *Manschetten:* frz. manchette ›(steifer) Ärmelaufschlag‹.
Jabot: (frz.) Brustkrause, gefälteltes oder gekraustes Brusttuch im Ausschnitt von Männerwesten.
9,9 *barrdu:* frz. partout ›überall‹; umgspr. auch heute noch, wie hier, ›durchaus, unbedingt‹.
9,16 *Schmäl:* mhd. smeln, als Verb zu ›schmal‹ = gering. Allmählich angenähert der Bedeutung ›schmähen‹, daher auch häufig ›schmählen‹.
9,19 f. *am Hirnkasten wissen:* ›wissen‹ mit präp. Bestimmung in der Bedeutung ›spüren‹.
9,23 *des Dummkopfs ... Schwager:* mit der Dummheit verwandt, selbst ein Dummkopf sein.
9,24 *obenaus:* hoch hinaus, etwas Besonderes vorhaben.
9,27 f. *haben mich ... sehen lassen:* den Mann sehen lassen, der sein Wort hält.
9,29 *unterschrieben:* im Heiratsvertrag, vgl. Anm. zu 10,12.
9,30 *guten Haushälter:* der bei mäßigen Ansprüchen gut haushaltet.
9,31 *gewogen:* Part. Perf. zu mhd. (ge)wegen ›Wert oder Gewicht haben‹, hat als Adj. die Bedeutung von ›geneigt, wohlwollend gesinnt‹ angenommen.
9,32 *poussieren:* frz. pousser ›stoßen, fördern‹, dt. im 18. Jh. ›aufrücken, aufsteigen‹.
9,35 *man:* Das unpers. ›man‹ soll die Zurechtweisung verstärken.
9,38 f. *verwichenen:* vergangenen, Part. Perf. zu einer ausgestorbenen Zusammensetzung mit ›weichen‹.
9,39 *zum Bescheid gab:* als Auskunft gab, mitteilte.
9,40 *Stehen Sie ihr an:* gefallen Sie ihr, zu ›stehen‹ als Bezeichnung eines Zustandes, in dem sich jemand befindet.
10,3 *stecken Sie den Korb ein:* ›einen Korb bekommen‹: Abweisung, Zurückweisung des Liebesantrages. Geht auf folgenden Zusammenhang zurück: »Es kommt in alten Erzählungen nicht selten vor, daß ein Liebhaber in einem Korb zu dem Fenster der Geliebten emporgezogen wird und daß man ihn absichtlich durch den brüchigen Korbboden fallen läßt« (Paul).

10,4 *Bouteille:* (frz.) Flasche.
10,6 *schmecken:* (schwäb.) riechen, hier: mögen.
klarem: reinem.
10,7 f. *böse Feind:* der Teufel.
eisgrauen: im Sinne von ›uralt‹, Miller übertreibt hier, vgl. 89,25.
Wildbret: mhd. wild-braete, Zusammensetzung mit ›Braten‹. Zunächst als Bezeichnung für das Fleisch des Wildes, später dann auch für das lebende Wild.
10,10 *Spitzbube:* im 16. Jh. in der Bedeutung ›geschickter Betrüger‹, vgl. ›spitzfindig‹; erst auf Falschspieler, dann auch auf Diebe.
10,12 *Konsens:* (lat.) Übereinkunft, Einwilligung. Nach württembergischem Landrecht brauchte die Tochter die schriftliche Einwilligung der Eltern zur Heirat.
10,13 *gemünzt:* ahd. munizzon ›zu Geld ausprägen, Münzen prägen‹. Hier im Sinne von ›bestimmt‹.
10,16 f. *Wettermaul:* soviel wie ›verfluchtes Maul‹, eine jener Zusammensetzungen mit Blitz-, Donner- oder Wetter-, die Miller häufig gebraucht und die immer in den Bereich des Fluchens gehören oder Umschreibungen für ›Teufel‹ sind, vgl. auch 10,21 *Hagel*.
10,22 *Knasterbart:* umgspr., brummiger alter Mann; zu Knast ›alter Kerl‹ aus niederdt. Knast, ›Knorren‹.
abkucke: eigtl. niederdt. Form gegenüber oberdt. ›gucken‹, hier soviel wie ›an Ihnen sehe‹.
10,26 *spitzig:* im 18. Jh. oberdt. für spitz ›fein, verästelt‹.
10,27 *teutscher:* ahd. diutisc, im Mhd. Angleichung des Anlauts an den Stammauslaut: tiutsch, daraus im Frühnhd. unter Berufung auf den angeblichen Stammvater der Deutschen, Teut, ›teutsch‹, mit Betonung der nationalen Komponente, der auch Schiller hier Tribut zollt. Die heutige Schreibung schon im 18. Jh.
10,33 f. *altmodischen Kanal:* altmodischen Weg, nämlich daß die Eltern die Vermittlung zwischen den zukünftigen Eheleuten übernehmen. Der Bürger Miller wird hier schon mit modernen, im Sturm und Drang aufkommenden Ansichten ausgestattet.
10,34 *Hat er 's Courage nicht:* hat er es der Courage nicht, getraut er sich dessen nicht; frz. courage ›Mut‹.
10,35 *Hasenfuß:* Feigling, alberner Mensch.

I. Wort- und Sacherklärungen zu I,2

10,37 *Gewerb:* Werbung, werbendes Bemühen.
11,1 *schwarzen gelben Tod:* Schwarzer Tod: Pest; ›gelb‹ hier offenbar verstärkend.
11,3 f. *auf seinem Gänsekiel reiten:* Millers Verachtung für den mit dem Gänsekiel schreibenden Sekretär erreicht hier den Höhepunkt.
11,6 *Obligation:* (lat.) Verpflichtung, Verbindlichkeit. Hier: meine Obligation, ›ich bin Ihnen verbunden‹, von Wurm ironisch.
11,10 *Operment:* frz. opriment aus lat. auripigmentum ›Arsenik‹, starkes Gift.
11,10 f. *Federnfuchser:* verächtlich für ›Schreiber‹, wahrscheinlich von fuchsen, ›quälen, plagen‹.
11,11 *konfiszierter:* hier: verdächtiger, spitzbübischer, einer, der reif ist, konfisziert zu werden; aus lat. confiscare ›beschlagnahmen, einziehen‹.
11,13 *hineingeschachert:* hineingeschmuggelt, aus neuhebr. schachār ›als Händler herumziehen‹.
11,15 *für purem Gift:* aus reinem Neid, Ärger.
11,16 *verhunzte:* verdorbene, auf den Hund gebrachte; urspr. bedeutete hunzen ›schimpfen, Hund nennen‹.
Schlingel: Tunichtgut, zu ›schlingen‹ in der Bedeutung von ›schlendern‹.
11,21 *dir 's Maul sauberhalten:* dafür sorgen, daß du den Bissen (Luise) nicht bekommst.
11,23 *in Harnisch gebracht:* in Wut gebracht, eigtl. ›zum Kampf in Rüstung gebracht‹.
11,24 *dummer:* unumgelautete Form des Komparativs, solche Schwankungen auch heute noch: gesunder/gesünder.
11,25 *Gerätsch:* Gerede, Geschwätz, zu: tratschen, trätschen, ›schwatzen, ein Gerede machen‹.
11,27 *der Alte:* der Richtige, der Rechte, den kenne ich.
11,28 *am Marktbrunnen ausgeschellt:* ebenso wie der Gemeindediener mit der Schelle die Aufmerksamkeit der Bürger für die Gemeindenachrichten auf dem Marktplatz erweckt; von daher ›ausschellen‹ soviel wie ›ausrufen‹, vgl. Anm. zu 5,9 *verrufen*.
11,30 *räsonieren:* etwas aussetzen, nörgeln, aus frz. raisonner ›urteilen‹.
11,31 *nasenweises:* urspr. von Jagdhunden ›mit feinem Ge-

ruchssinn‹, im 15. Jh. ironisch auf Menschen übertragen: vorlaut, neugierig.
übers Maul: über die Lippen.
11,32 *Matress':* Mätresse, Geliebte des Fürsten, aus frz. maîtresse ›Herrin, Geliebte‹. Auch Miller verdreht die Fremdwörter, vgl. Anm. zu 5,30.

Dritte Szene

Zur Gestaltung dieser Szene vgl. Lessing, »Emilia Galotti«, II,6.
12,12 *Ihn:* Luise spricht ihren Vater in der indirekten Anredeform an, die ehrender als das alte ›Ihr‹ war.
12,17 *über dem Gemälde:* über oder bei der Betrachtung des Gemäldes. Vgl. »Emilia Galotti« I,4: »Oh, Sie wissen es ja wohl, Conti, daß man den Künstler dann erst recht lobt, wenn man über sein Werk sein Lob vergißt.«
12,18 *am feinsten:* am schönsten.
12,22 *gottlosen Lesen:* Lesen von Romanen, vgl. Anm. zu 6,38 bis 7,5 und 21,32.
12,25 *schlechtes:* schlichtes, einfaches; ›schlicht‹ ist eine jüngere Neubildung zu mhd. sleht ›glatt‹ und im übertragenen Sinn dann ›einfach, ohne äußeren Aufwand‹, vgl. Schiller, »Jungfrau von Orléans« IV,11, V. 2980.
12,31 f. *wär' es ein Veilchen ... sterben:* vgl. Goethes Gedicht »Das Veilchen« (1775 in »Erwin und Elmire«), das bis 1783 mehrfach vertont wurde, u. a. von Mozart 1789, und fast als Volkslied galt. In Gemmingens »Deutscher Hausvater« (vgl. Kap. III,1) singt Lottchen das Lied zu Beginn des II. Aktes.
12,32 f. *Damit genügte mir:* Das würde mir genügen, ahd. ginuogan urspr. unpers. zu ›ginuogi‹, etwa in Luthers Bibelübersetzung Joh. 14,8: »Zeige uns den Vater, so genügt uns.«
13,3 *Vater der Liebenden:* Gott.
13,5 *Pulse:* Pulsschläge.
Wallung: Erregung, sichtbar in der Gesichtsfarbe.
13,6 *lispelte:* 16. bis 19. Jh. in der Bedeutung ›flüstern‹.
13,20–22 *Dieser karge Tautropfe ... auf:* Dieses kurze Leben reicht nicht einmal hin, um von Ferdinand zu träumen. ›Tropfe‹ hier noch wie im Mhd. schwaches Mask.

13,25 *Hülsen des Standes:* Formen und Zwänge, die an den gesellschaftlichen Rang gebunden sind. Vgl. dazu auch Schillers 1783 entstandenes »Hochzeitgedicht« für Lotte von Wolzogen, in dem er den natürlichen Adel über den ererbten siegen läßt.
13,28 *wohlfeil:* günstig zu kaufen.
13,32 *für:* vor.
13,33 f. *springt über die Planke:* »Der Ausruf [...] wird nur dann verständlich, wenn man die heute noch lebendige Benennung für eine der Mannheimer Hauptstraßen ›Die Planken‹ zugrunde legt: Die Millerin steht am Fenster und sieht Ferdinand über die Straße laufen (›springt‹ ein Suevizismus für ›laufen, rennen‹). Die Planken führen am Paradeplatz vorbei und haben ihren Namen von den Brettern, die ehedem den Paradeplatz bedeckten und zu einer Promenade bei jedem Wetter machten« (Gerhard Storz: Der Dichter Friedrich Schiller. Stuttgart ⁴1968 Anm. 15, S. 111).

Vierte Szene

14,11 f. *Ich fliege ... und gehn:* vgl. »Emilia Galotti« II,2: »Mit einem Worte: ich komme, und sehe, und kehre sogleich wieder zurück.«
14,15 *Rede mir:* Sage mir; ›reden‹ ist hier trans. gebraucht.
14,20 *helle:* alte Form von ›hell‹, die beim Adverb noch auftritt, vgl. ›er ist helle‹.
14,25 *sich ausnimmt:* wirkt, sich darstellt.
14,29 *auf welchen Kaltsinn ... muß:* in welcher Kaltherzigkeit ich dich treffen muß.
14,31 *Vergleichung:* im 18. Jh. üblich für ›Vergleich‹.
14,33 *eine Klugheit:* eine klügelnde Überlegung, vgl. dazu Anm. zu 94,2.
15,6 *Ahndung:* Ahnung; der irrtümlich aus dem mhd. Prät. ›ante‹ bzw. Part. Perf. ›geant‹ in die Mundarten abgeleitete Inf. ›anden‹ wurde als ›ahnden‹ durch Klopstock im 18. Jh. in die Literatursprache übernommen.
15,7 *zwoer:* Das Zahlwort wurde bis ins 18. Jh. in 3 Geschlechtern gebraucht: zween, zwo, zwei, und zwar im Nom. und Akk.; dazu analog auch der Gen. zwener, zwoer, zweier.

15,9 *Adelbrief:* Urkunde, in der meistens der Kaiser den Adel oder die Erhebung in den Adelsstand bestätigt.
Riß: Grundriß, Plan.
15,14 *Landeswucher:* hier: Ausbeutung des Landes für den Fürsten mittels unrechtmäßig erhobener Steuern und Abgaben sowie übermäßiger Frondienste, vgl. dazu Kap. III,2 und VI.
15,18 *für Treppen:* als Treppen.
15,20 *emporblasen:* anfachen, auflodern lassen.
15,26 *auffassen:* auffangen.
15,29 *hüpfen:* leichtfüßig, unbeschwert gehen.
15,32 *letzte Hand ... legte:* letzten Handgriff an der Vervollkommnung der Seelen machte.
15,36 *Furien:* (lat.) Rachegöttinnen.

Fünfte Szene

16,10 *Attachement:* (frz.) Beziehung, Liebesverhältnis.
16,14 *Bürgerkanaille:* (lat./frz.) Bürgergesindel.
16,15 *Flatterien:* (frz.) Schmeicheleien.
16,23 *Figur machen würde:* sich sehen lassen könnte.
16,25 *das Ding:* wird in verächtlicher Weise für ›Mädchen‹ gebraucht.
16,26 f. *Frauenzimmer:* Zunächst Bezeichnung für das Gemach einer Dame, dann für deren gesamte weibliche Umgebung und auch für sie selbst, schließlich im 18. Jh. für Frauen allgemein, bisweilen mit verächtlicher Nuance.
16,32 *in seinen Beutel zu lügen:* sich durch Lügen Ausgaben ersparen und dadurch den eigenen Geldbeutel zu schonen.
16,34 *Farce:* (frz.) albernes, derb-komisches Spiel.
16,36 *Aspekten:* Akk. Plur. der schw. Dekl. von ›Aspekt‹. Mit ›Aspekt‹ wird in der Astrologie eine bestimmte Gestirnkonstellation bezeichnet, die sich für die Zukunft des Menschen als gut oder schlecht erweist.
17,1 *Malaga:* Süßwein der span. Stadt Malaga.
Skortationsstrafe: lat. scortum ›Dirne, Hure‹. Strafe für gewerbsmäßige Unzucht, jedoch auch wie hier: ›Kranzgeld‹, Entschädigung für die Verführung eines Mädchens.
17,14 *zum Schelmen:* Schelm: ahd. skalmo, mhd. schalm(e) ›Viehseuche‹. Im 15. Jh. Schimpfwort ›betrügerischer

Kupferstich von Daniel Chodowiecki. Schiller-Nationalmuseum Marbach a. N.

Mensch‹; der Dat. Sing. der schw. Dekl. ist für Schiller typisch.

17,15 *mitprellen:* ›prellen‹ in der Bedeutung ›um etwas betrügen‹.

17,16 *Pfiff:* Schlauer Streich, Pfiffigkeit.

17,17 *Einbruch in meine Grundsätze:* Umstürzung meiner Grundsätze.

17,20 f. *mit den Augen ... Zunge:* höchstens durch Blicke, nicht durch Worte.

17,23 *was verschlägt es denn Ihm:* was macht es Ihm denn.

17,23 f. *Karolin:* pfälzische Goldmünze, nach dem Kurfürsten Karl Theodor von der Pfalz, der sie 1732 prägen ließ; zu Schillers Lebenszeit auch in Württemberg und Bayern.

17,24 *Münze:* ahd. munizza, mhd. münize, aus lat. moneta. Die urspr. Bedeutung, die hier vorliegt, ›Werkstatt, in der Geld geprägt wird‹, später dann auf das Geldstück übertragen.

17,26 *Mariage:* (frz.) Ehe, Heirat.

17,28 *Aufwärter:* Diener, Kellner.

17,28 f. *ermessen:* ahd. irmezzan ›ausmessen‹, hier in dieser Bedeutung, d. h., den Körper der Braut genau kennen. Vgl. die Äußerung Ferdinands 23,30–32.

17,30 f. *mache ... den Bürgersmann:* Wurm vertritt hier gegenüber dem Adel (vgl. die Tagebuchaufzeichnungen des Freiherrn von Buwinghausen-Wallmerode in Kap. III) die im 18. Jh. durchaus strengeren Moralvorstellungen des Bürgertums, nach denen die Braut unberührt sein solle.

17,32 *mit nächstem:* nächstens.

17,34 *heimzugeben:* zurückzugeben, heimzuzahlen. *Anschlag:* hier: Plan.

17,34 f. *Kabinett:* (frz.) kleines Zimmer, im übertragenen Sinn, wie hier, Beraterkreis des Fürsten, Ministerrat.

17,35 *auf die Ankunft:* bis zur Ankunft.

17,40 *Springfedern:* Triebfedern, die ihn voranbringen. *Wallungen:* sinnliche Leidenschaften.

18,1 *Partie:* (frz.) Heirat, Heiratsmöglichkeit mit guten gesellschaftlichen Voraussetzungen.

18,3 *anreißen:* an sich reißen.

18,5 f. *heuraten:* Schreibung im 18. Jh. für ›heiraten‹.

18,6 *helle:* klar, einsichtig, vgl. Anm. zu 14,20.
18,7 *Daß mich ... beißen:* so klar und hell, daß die Augen tränen.
18,8 *Präsident ... Anfänger:* als Präsident geschickt, als Vater ein Anfänger.
18,10 *dörfte:* dörfen, bis ins Mhd. reichende Nebenform von ›dürfen‹; der hier vorliegende Konj. ist aus dem Prät. ›dorfte‹ abgeleitet.
18,11 *mit Protest zurückkommen:* zurückgewiesen, abgelehnt werden.
18,26 *Kugeln schleifen:* Kugeln nachschleifen; Eingekerkerte hinderte eine schwere Kugel, die mit einer Kette am Bein befestigt war, vor der Flucht.
18,34 *Er:* Wurm.
19,3 f. *falschen Handschriften:* Wurm hat durch falsche Schriftstücke dazu beigetragen, daß der Präsident seinen Vorgänger stürzen konnte. Vgl. Kap. III,2.
19,6 *Schröter am Faden:* Schröter: Nager, zu ›schroten‹, um 1500 ›Hirschkäfer‹. Kinder ließen Hirschkäfer zur Unterhaltung auf und ab kriechen.

Sechste Szene

19,14 *Kammerherrnschlüssel:* Der Kammerherr war fürstlicher Hofbeamter, der Dienst in unmittelbarer Umgebung des Fürsten versah. Über seine Aufgaben äußert sich v. Kalb selbst 19,20–24. Die sogen. Kammerherrnschlüssel waren als Symbol für des Amtes Schlüsselgewalt auch auf die Kleidung aufgestickt.
19,15 *Chapeaubas:* (frz.) ›niedriger Hut‹, flacher Zweispitz, den man auch zusammengeklappt unter dem Arm trug.
à la Hérisson: (frz.) nach Igelart frisiert, Modefrisur der Zeit.
19,17 *Bisamgeruch:* ahd. bisam(o) < mittellat. bisamum < syr. besam ›Wohlgeruch‹. Bezeichnet wird damit das sogen. ›Moschus‹, eine Drüsenabsonderung des Moschusochsen, die Grundbestandteil vieler Parfüms ist.
Parterre: (frz.) hier: die zu ebener Erde liegenden mittleren und hinteren Zuschauerreihen im Theater.
19,21 *Küchenzettel:* Die Speisenfolge für die Hoftafel war anzuordnen.

Visitenbillets: Karten oder Briefchen, mit denen Höflichkeitsbesuche angekündigt oder gestattet werden.

19,21 f. *Arrangement ... Schlittenfahrt:* Festlegung, welche Gruppen in den einzelnen Schlitten sitzen sollen und in welcher Reihenfolge diese zu fahren haben. Die Jahreszeit ist also Winter.

19,23 *Lever:* (frz.) Aufstehzeremonie der absolutistischen Herrscher am Morgen.

19,24 *Durchleucht:* auch ›Durchlaucht‹; v. Kalb verwendet hier die urspr. Form, die eine Partizipialbildung zu ›durchleuchten‹ ist, also ›durchstrahlend‹. Als Lehnübersetzung von lat. perillustris seit dem 15. Jh. als Titel von Fürsten gebräuchlich.

20,1 *Tagreise:* Übertreibung, was die Entfernung zum Schloß anbetrifft.

20,3 *fingiere:* lat. fingere ›bilden, erdichten‹; hier: täusche vor.

20,5 *in voller Karriere:* so rasch die Pferde laufen können.

20,7 *Antischamber:* frz. antichambre ›Vorzimmer‹; gemeint ist das Vorzimmer des herzoglichen Schlafgemachs, wo die Höflinge auf das Aufstehen des Herzogs warteten, doch bezeichnet ›Antichambre‹ auch die Zeremonie des Wartens im Vorzimmer.

20,8 *Impromptu:* (frz.) Improvisation, Einfall aus dem Augenblick heraus.

20,13 *Das gesteh ich!:* Das muß ich eingestehen, das ist viel.

20,16 *Merde d'Oye-Biber:* (frz.) Rock aus gänsekotfarbenem, langhaarigem Wollstoff, der dem Biberpelz ähnelt.

20,19 *Zeitung:* Nachricht von einer Begebenheit. Über die regelmäßige Zusammenstellung und Veröffentlichung solcher Nachrichten dann die heutige Bedeutung.

20,21 f. *richtig gemacht:* abgemacht.

20,25 *präparieren:* (lat.) vorbereiten.

Siebente Szene

21,9 *Zirkel:* lat. circulus ›Kreis‹; hier sind gesellschaftliche Kreise gemeint.

21,11 *Grille:* lat. grylli ›seltsamer, wunderlicher Einfall‹.

21,12 f. *denke auf nichts:* in der Bedeutung ›sinne auf‹, z. B. einen Ausweg.

I. Wort- und Sacherklärungen zu I,7

21,13 *in meine Entwürfe zu spielen:* sich meinen Plänen zu fügen, in ihnen eine Rolle zu spielen.
21,22 *Hinwegräumung meines Vorgängers:* vgl. Anm. zu 19,3 f.
21,24 *Messer:* bildlich, ›die böse Tat‹.
der Welt: Dativ.
21,25 *Wem:* Dat., wo heute Präp. mit Akk. ›für wen‹.
21,32 *Romanenkopfe:* Substantivbildung mit dem Gen. Plur. ›Romanen‹: ›der Kopf, der voll von Romanen, d. h. voll von Unrealistischem ist, ein Phantast‹.
21,33 f. *Lohnst du mir also für meine:* Lohnst du mir so meine . . ., ›lohnen‹ hier mit Präp. und Akk., wo heute der reine Akk.
21,35 *Skorpion:* (lat.) ältere Bedeutung ›eine mit Widerhaken versehene Geißel‹, vgl. jedoch Anm. zu 95,34.
22,13 *Fähndrich:* Fähnrich, im 18. Jh. jüngster Offizier der Infanteriekompanie; das inlautende -d- ist in der alten Form Übergangslaut zwischen ›n‹ und ›r‹.
22,15 f. *Geheimen Rat:* Der Geheime Rat war der Beraterkreis des Fürsten, die Geheimen Räte entsprachen den späteren Ministern, vgl. Anm. zu 17,34 f.
22,18 *zunächst nach:* nahe an.
22,18 f. *Wenn anders . . . Zeichen:* Ferdinand soll zwar nicht die äußeren Zeichen, wie Titel, Kleidung usw., wohl aber die Macht des Monarchen besitzen, *zunächst nach dem Throne* gestellt sein.
22,37 *exerzieren:* (lat./frz.) üben, bilden.
23,1 *Komplimente:* (span./frz.) Freundlichkeiten, höfliche Dankesbezeigungen.
23,7 *Schandsäule:* auch Schandpfahl, an dem Übeltäter, bes. Frauen, wegen unmoralischen Lebenswandels, längere Zeit zu ihrer Schande öffentlich zur Schau gestellt wurden. Ferdinand meint, Lady Milford gehörte dort eigentlich hin.
23,11 *privilegierte Buhlerin:* eine in Gunst stehende Dirne; mhd. buole urspr. positiv für ›Geliebter‹. Luther verwendet es schon in beiden Bedeutungen, wobei es auch für die Frau gebraucht wird; mittellat. privilegiare ›ein Vorrecht, eine Begünstigung einräumen‹.
23,22 *nach der Distinktion geizen:* nach der Auszeichnung heftig verlangen; lat. distinctio ›Sonderung, Unterschei-

dung‹; *geizen* hier in der urspr. Bedeutung ›verlangen, besitzen wollen‹, noch erhalten in ›Ehrgeiz‹.
23,23 *dritten Orte:* wahrscheinlich sexuelle Anspielung, da ›Ort‹ auch für Körperteile stehen kann, die man nicht näher bezeichnen möchte.
23,26 f. *unter den Menschen hinunterkriecht:* seinen animalischen Trieben folgt.
23,32 *zum Mitgift:* Besitz, den die Braut mitbringt. ›Mitgift‹ im 18. Jh. ähnlich wie ›Gift‹ bisweilen als Mask.
24,1 f. *steigen machen kann:* in der Gunst des Herzogs steigen lassen kann.
24,12 *Gräfin von Ostheim:* vgl. die Anm. über den Namen v. Kalb im Personenverzeichnis.
24,15 *laurenden:* lauernden; spätmhd. lûren, bei der Diphtongierung entwickelte sich ein Überleitungsvokal -e-, der im Schwäbischen ausblieb, vgl. Mauren, trauren.
24,25 f. *herzliche:* im Sinne von ›liebevolle, fürsorgliche‹.
24,32 *verbot:* zu heiraten verbot.
24,39 *wissen es richtig:* wissen es als abgemacht.
25,2 *Historien:* (lat.) ›Geschichten‹, hier sind ›Liebesabenteuer‹ gemeint.
25,10 *Wachparade:* Aufzug der Wache vor dem Schloß. Schiller hat als Regimentsmedikus diese Zeremonie selbst miterlebt; frz. parade ›Truppenaufzug‹.
25,11 *Parole:* Kennwort, das jeden Tag ausgegeben wird; wer es weiß, darf die Wache passieren; frz. parole ›Wort, Spruch‹.
25,23 *teutscher:* vgl. Anm. zu 10,27, hier tritt die nationale Komponente besonders hervor.

Zweiter Akt. Erste Szene

26,5 *Negligé:* frz. negliger ›vernachlässigen‹. Als Negligé bezeichnet man ein bequemes, lässiges Hausgewand, Morgenrock; im Negligé: noch nicht fertig angezogen.
26,6 *phantasiert:* spielt frei, ohne Notenvorlage auf dem Instrument, sich ganz der Stimmung überlassend.
26,8 *Offiziers:* übernommener frz. Pl. gegenüber dem jüngeren dt. Pl. ›Offiziere‹.
26,12 *finde:* befinde, fühle.
26,16 *Marstall:* herzoglicher Pferdestall, zu ahd. mar(i)ha ›Stute‹, das erst später negative Bedeutung bekam: Mähre.

I. Wort- und Sacherklärungen zu II,1 25

26,17 *mich leichter reiten:* so lange reiten, bis es mir leichter ums Herz ist.
26,19 *unpäßlich:* unwohl, leicht erkrankt, zu frz. passe ›angemessen, gelegen sein‹.
26,20 *Assemblee:* (frz.) Gesellschaft, Versammlung; ungewöhnlich ist die Wendung ›zusammen berufen‹.
26,21 *l'Hombre:* aus Spanien stammendes Kartenspiel für drei Personen. Schiller selbst liebte dieses Spiel.
26,23 *Grille:* vgl. Anm. zu 21,11; hier: schlechte Laune.
26,24 *in den Sofa:* im 18. Jh. mask.
26,25 *Demant:* auf Luther zurückgehende Nebenform zu ›Diamant‹, um 1200 aus frz. diamant.
26,30 f. *Marionettendrahts:* Draht oder Faden, mit dem Marionettenfiguren bewegt werden; ital. marionetta Koseform für Maria, ›Mariechen‹, um 1700 aus frz. marionette.
26,31 *Filet:* (frz.) Faden, Garn, jedoch auch für feine Knüpfarbeit mit Stäbchen oder Nadel.
26,32 *gleich als:* gleichmäßig wie.
26,33 *Sackuhren:* Uhren, die man im Hosensack trägt, Taschenuhren.
27,3 *nicht ... Zügel beißt:* das sich gegen das Zaumzeug nicht wehrt, also kein Temperament hat.
27,14 *Talisman:* Gegenstand, der dem Träger Schutz und Glück bringt, aus ital. talismano < arab. tilasm ›Zauberbild‹.
27,14 f. *jeden Gelust:* jedes Gelüst, jeden ausgefallenen Wunsch.
27,16 *Saft von zwei Indien:* Saft aus den kostbarsten Früchten von Ost- und Westindien (Mittelamerika).
27,17 *Paradiese aus Wildnissen:* Anspielung auf den Bau von Lust- und Jagdschlössern in bislang ungerodeten Landschaften oder Wäldern, wie sie die barocken Fürsten allenthalben bauten und wie Herzog Karl Eugen 1763–67 auch das Schloß Solitude bei Stuttgart anlegte. Zu den folgenden kritischen Bemerkungen der Lady vgl. Kap. III,2.
27,22 f. *sein darbendes Gehirn ... exequieren:* seinem ärmlichen Gehirn ein einziges, schönes Gefühl abgewinnen; lat. exsequi ›vollziehen, eintreiben‹.
27,23 *Vollauf:* Sättigung, Überfluß.

27,24 *mich:* Statt des Dat. ›mir‹ wurde bei ›helfen‹ früher auch der Akk. verwendet.
27,35 f. *von meinem Ehrgeiz erhalten könnte:* wenn es mein Ehrgeiz erlauben würde.
28,11 *Zepter:* Herrscherstab, Sinnbild der Macht, zu griech. skeptron ›Stab‹.
28,13 *Flattersinn:* Unbeständigkeit.
28,18 *den ich jetzt denke:* an den ich jetzt denke; der Gebrauch ohne Präp. früher vor allem in poetischer Sprache.
28,36 *ahndete:* vgl. Anm. zu 15,6; die unpersönliche Konstruktion mit ›mir‹ ist die ältere.
28,38 *hofschlaue:* mit allen Intrigen des Hofes vertraute.
29,3 *Belogene Lügner:* vgl. Lessing, »Nathan der Weise« III,7, V. 2024 »Betrogene Betrüger«.

Zweite Szene

29,19 *Heller:* Seit 1208 wurden in Schwäbisch Hall Münzen geprägt, die »Haller pfenninc« hießen, daraus wurde dann »Heller«. Während man im 14. Jh. für einen Heller noch 10 Eier oder einen Liter Bier bekam, war er zu Schillers Zeit die wertmäßig kleinste Münze.
29,24 f. *siebentausend Landskinder:* vgl. Kap. III,2.
29,36 *vor die Front:* vor die Reihe der angetretenen Soldaten. frz. front ›Stirn, Vorderseite‹.
29,37 *Joch:* got. juk, ahd. joh; eigtl. für Tiere: ein Paar Ochsen, die im Joch des Zuggeschirrs zusammengespannt sind.
30,2 *Maulaffen:* Schimpfwort für jemand, der gaffend, den Mund offen, herumsteht. Heute nur noch in der Wendung ›Maulaffen feilhalten‹.
30,5 *Juchhe nach Amerika:* vgl. dazu das volkstümliche Lied in Kap. III,2.
30,9 *Bärenhatz:* Bärenhetze, Bärenjagd.
30,10 *Lärmen:* ›der Lärmen‹ aus frühnhd. lerman, ›Alarm schlagen‹, ebenso »Fiesco« V,2.
30,15 *Bajonetten:* ältere Pluralform, heute ›Bajonette‹: nach der frz. Stadt Bayonne benannte Stichwaffe, die auf das Gewehr aufgesetzt wird.
30,26 *voll:* mit voller Stimme, gefaßt im Vertrauen auf Gott.

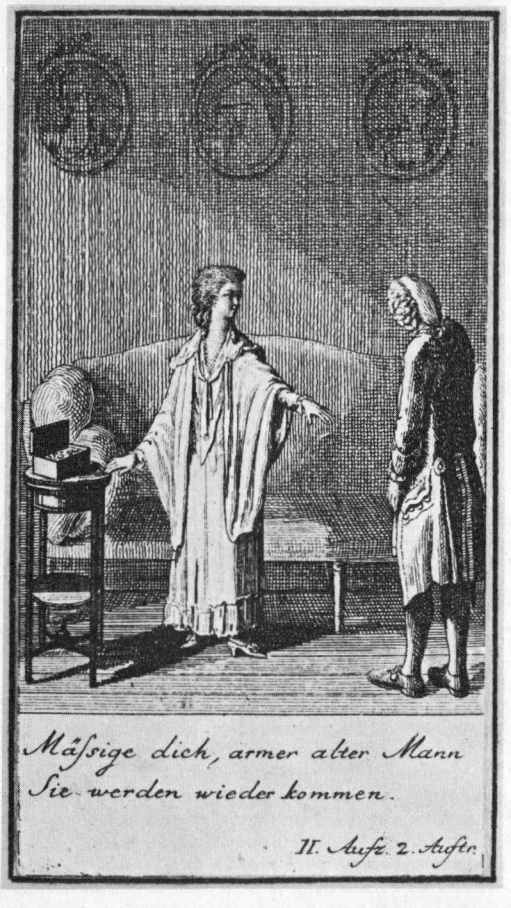

Kupferstich von Daniel Chodowiecki. Schiller-National-
museum Marbach a. N.

30,32 *Mich beredete man:* Mir redete man ein.
30,40 *spring:* vgl. Anm. zu 13,33 f.
31,1 *frag ihn um ...:* Heute ist ›um‹ durch ›nach‹ verdrängt.
31,3–15 *Ging nicht ... ruiniert hat:* viell. Anspielung auf die Wohltätigkeit Franziskas von Hohenheim.
31,8 *mehresten:* ›mehr(e)ste‹ ist eine nicht sehr verbreitete Neubildung zu ›meiste‹, im Schwäbischen häufiger.
31,9 *verderben:* gehen zugrunde.
Schachten: nicht umgelauteter Plural von ›Schacht‹.
31,13 *die Landschaft:* mit ›Landschaft‹ wurde die Vertretung der Stände in Württemberg bezeichnet, die wegen der Mißachtung ihrer Rechte durch Herzog Karl Eugen in Opposition zu ihm stand. Hier ist wohl ihr Versammlungsgebäude, insbes. die Kasse gemeint.
31,18 f. *in meinen Haaren:* als Haarschmuck, vgl. 31,29.
31,21 *Geschirr:* gleichbedeutend mit ›Joch‹, vgl. Anm. zu 29,37, das Diadem als Joch.
31,29 *zehen:* ahd. zehan, mhd. zehen ›zehn‹.
Diademen: Diadem, mit Edelsteinen besetzter Stirnreif, aus griech. diadema ›Stirnbinde‹, das Band um den Turban des Perserkönigs.
31,34 *aufgeräumt:* guter Stimmung.
32,2 f. *verlässest:* alte Form des Präs., ahd. forlazis.

Dritte Szene

32,14 *bin seine Schuldnerin:* bin ihm dafür Dank schuldig.
32,19 *Kuppler:* bezieht sich ebenso wie *Minister* auf den Präsidenten.
32,23 *Mamsell:* vgl. Anm. zu 8,18, neben dieser Bedeutung nach Paul: »Dann sinkt M. noch im 18. Jh. in die Dienstmädchenschicht und wird an seiner alten bürgerlichen Stelle Anf. des 19. Jhs. durch das aus dem adligen Bereich gesunkene ›Fräulein‹ ersetzt.«
32,35 *gemein haben:* gemeinsam haben.
33,3 f. *Für den Einwurf der Ehre:* als Einwand der Ehre.
33,8 *meines Wappens – und dieses Degens:* des Wappens und damit der Ehre der Familie von Walter – des Degens als Zeichen der Offiziersehre.
33,16 *Dreier:* Dreipfennig- oder Dreigroschenmünze, die

I. Wort- und Sacherklärungen zu II,3

wegen ihres geringen Wertes in großen Mengen geprägt wurde.

33,18 *Hermelin:* weißer Pelz des großen Wiesels, der wegen seiner Seltenheit als bes. kostbarer Besatz für den Mantel des Herrschers Verwendung fand. Hier für die Prachtentfaltung als Ausdruck der Macht.

33,21 *Degenquaste:* frz. Portepee, vgl. 47,34; silberne oder goldene Quaste am Riemenwerk, mit dem der Offiziersdegen befestigt war, Symbol für die Ehre des Offiziers.

33,31 *zu Kopfe:* in den Kopf.

33,40 *freiesten Volks:* Der Parlamentarismus und Liberalismus waren in England am weitesten entwickelt, der Absolutismus am weitesten zurückgedrängt.

34,1 f. *räuchern:* eigtl. ›Rauchopfer bringen, weihräuchern‹, hier: schmeicheln, beweihräuchern.

34,2 f. *verdingen:* sich an der Ausübung eines fremden Lasters gegen Entgelt beteiligen.

34,10 *Schranke:* Grenzschranke zum lasterhaften Leben.

34,14 *Pressung:* Herauspressung, brutale Abgabeneintreibung, vgl. Anm. 15,14.

34,28 *aufgefodert:* fodern, ostmitteldt. für ›fordern‹, im 18. Jh. vorherrschend, hat sich bis ins 19. Jh. in der Schriftsprache gehalten.

34,36 *Thomas Norfolks:* Thomas Howard, Herzog von Norfolk, geb. 1536; Günstling von Königin Elisabeth, wurde nach einem mißglückten Befreiungsversuch der gefangenen Maria Stuart 1576 hingerichtet.

34,38 f. *bezüchtigt:* durch falsche Etymologie bei Goethe und Schiller häufig statt ›bezichtigt‹.

34,39 *Vernehmen:* Einvernehmen.

34,40 *Parlamente:* Oberhaus, House of Lords.

35,1 *der Krone:* dem Königshaus.

35,4 *flohe:* diese Form des Prät. schon bei Luther, bei Schiller häufig.

Wärterin: Kinderfrau, Erzieherin.

35,14 *Filet:* vgl. Anm. zu 26,31.

Flügel: um 1750 Bezeichnung für einen neuen Klaviertyp mit flügelähnlicher Form, die sich bis heute erhalten hat.

verstund: Ende des 18. Jh.s nur in poetischer Sprache; -stund ist altes Prät. zu dem im Ahdt. noch vorhandenen Verb stantan/stuont, das im Präs. die später dann al-

30   *I. Wort- und Sacherklärungen zu II,3*

lein gültige Form stān/stēn hatte und dazu das Prät. ›stand‹.
35,14 f. *auf Gold und Silber:* auf Gold- und Silbergeschirr.
35,15 *damastenen:* aus Damast bestehend, einem Seidengewebe mit eingewebtem gleichfarbigem Muster, benannt nach der syrischen Stadt Damaskus.
35,20 f. *Herzog nach Hamburg:* Herzog Karl Eugen war 1781 in Hamburg, er hatte auch engl. Mätressen.
35,29 f. *graute mich . . . an:* kam mir mit Grauen entgegen.
36,1 *Konkubine:* (lat.) Beischläferin, Geliebte.
36,5 *Hyäne:* wolfsähnliches Raubtier, im übertragenen Sinn für hemmungslosen, gierigen Menschen.
36,9 *geschleift:* ›schleifen‹ urspr. ›Gebäude dem Erdboden gleichmachen‹, hier im übertragenen Sinn: zerstört.
36,11 *Schülerinnen:* die der Herzog in Ausschweifungen unterwiesen hatte.
36,19 *Serail:* frz. sérail, türk. seraj ›Palast, Schloß mit Harem‹.
36,19 f. *Italiens Auswurf:* Ausdruck höchster Verachtung, ›Auswurf‹ gewöhnlich für ›Schleim und Kot‹. Vgl. dazu auch Kap. III,2.
36,20 *tändelten:* tändeln, ›sorglos wie mit Kinderspielzeug (Tand) herumspielen‹.
36,22 *ihren Tag:* ihren letzten Tag.
36,23 *Kokette:* (frz.) gefallsüchtige Frau, später dann ›Dirne‹, Ende des 19. Jh.s durch ›Kokotte‹ ersetzt.
36,25 *erschlappte:* erschlaffte, niederdt. Form.
36,33 *Ewigkeit auf Galeeren:* ital. galera ›Ruderschiff‹; eine der schwersten Strafen war, lebenslang auf einer Galeere als Rudersklave gequält zu werden.
36,34 *Balsam:* heilendes salbenähnliches Gemisch aus Harz und ätherischen Ölen, im übertragenen Sinn ›Linderung, Wohltat‹.
36,36 *buhlerischen Träne:* Träne einer Buhlerin.
36,40 *erschöpftes:* erfülltes, an ein Ende gekommenes.
37,8 *schonen Sie meines Herzens:* ›schonen‹ wurde urspr. mit Gen. gebraucht, ebenso 71,31 *der Raupe schont.*
37,38 *in Ihnen betrogen:* in Ihnen getäuscht.
38,12 *Geburt:* vornehme Herkunft.
38,14 *Konvenienzen:* (lat.) geltende Sitte, übliche Verhältnisse, vgl. Anm. zu 13,25.

38,40 *gespannt:* entsprechend dem Bild der Pfeile: ›auf den Bogen gespannt‹.
39,3 *alle Minen sprengen:* alle Minen springen lassen, Redensart aus dem Krieg, der Feldherr läßt alle Pulverminen auf einmal explodieren, setzt alle seine Mittel ein. *sprengen:* springen, im Schwäbischen wird kurzes ›i‹ vor Nasalen meistens zu ›e‹. *Minen:* vgl. Anm. zu 50,22.

Vierte Szene

39,10 *sprengt ihn ... an:* stürzt auf ihn zu (um etwas zu erfahren), ›sprengen‹ ist hier Bewirkungswort zu ›springen‹, bes. bei einem lebendigen Wesen als Objekt.
39,13 *mir ... eingebildet:* im 18. Jh. noch in der alten Bedeutung ›mir ... vorgestellt‹.
39,22 *blaues Donnermaul:* ›blau‹ hier wahrscheinlich als Verstärkung des Fluches, vgl. frz. par bleu ›potztausend, Donnerwetter‹; urspr. par dieu ›bei Gott‹.
39,23 *diabolischen:* teuflischen, zu griech. diabolos ›Teufel, Zwietrachtstifter‹.
39,33 *Jetzt hab ich's blank!:* Jetzt ist es mir klar.
39,35 *rekommendiert:* (frz.) empfohlen.
39,37 *Rohr:* Spazierstöcke wurden aus den Trieben einer asiatischen Palmenart, dem sogen. spanischen Rohr, hergestellt.
39,37 f. *Schwefelregen von Sodom:* vgl. den Untergang der alttestamentlichen Stadt Sodom, 1. Mose 19,24–28.
40,2 *Diskant:* (mittellat.) Sopran, eigtl. die dem Cantus firmus, der Melodie, entgegengesetzte Oberstimme. *blauer:* blau geprügelter.
40,8 *Dintenkleckser:* Tintenkleckser, der Schreiber Wurm.
40,10–13 *alle zehen Gebote ... der Toten:* In dieser Beschimpfung benutzt Miller alle einem Christen heiligen Texte, um im übertragenen Sinne die Intensität der von ihm Wurm zugedachten Prügel auszudrücken und damit auch dessen moralische Verkommenheit, die ihm ausgetrieben werden muß durch solche Prügel.
40,12 *aufs Leder:* aufs Fell, auf die Haut.
40,20 *angeben:* anzeigen, daß seine Tochter ein Verhältnis mit einem Adligen hat.
40,23 *makeln:* von niederdt. makelen ›Geschäfte vermit-

teln‹, zu: maken ›machen‹; im Zusammenhang damit auch *fischen:* Gewinn machen.

40,25 *Holz ... zugetragen:* bildlich: das Feuer der Liebe noch angefacht, indem sie Luise und Ferdinand Gelegenheit gab, sich zu treffen.

40,26 *Kuppelpelz:* eigtl. ›Geschenk für Ehevermittlung‹, Miller meint hier viell. auch ›Leib und Leben‹.

40,27 f. *über die Grenze:* außerhalb des Herzogtums.

Fünfte Szene

41,23 *brechenden Auge:* das im Augenblick der Ohnmacht oder des Todes den klaren Ausdruck verliert.

41,24 *Rabenvater:* Naturlehren des 14. Jh.s waren der Ansicht, daß der Rabe einen Teil der Nachkommenschaft zum Nest hinauswirft.

42,1 *Millern:* Dat. der älteren starken Flexion.

42,8 *das ihm kuppelte:* das ihm Kuppeldienste leistete.

42,15 *Insektenseelen:* niedere, verachtenswerte Seelen, Geschöpfe.

42,16 *hinaufschwindeln:* beim Hinaufschauen vom Schwindel erfaßt werden.

42,17 *zittert ... auf:* erhebt sich zitternd vom Sessel.

42,28 *Bube:* ahd. buobo, mhd. buobe, geht auf eine Lallform für ›Bruder‹, ahd. bruoder, zurück. Die dann allgem. Bedeutung ›Junge‹ über ›Knecht‹ zu spätmhd. ›zuchtloser Mensch, Schurke‹.

43,1 f. *den Faden ... Schöpfung:* das Band zwischen Vater und Kind, das in der Schöpfung heilig ist, vgl. 44,28 f. und 48,4 f.

43,7 *geltenden:* entscheidenden, in dem es gilt (zu handeln).

Sechste Szene

43,20 *Lassen Sie uns das:* ergänze: ›anderswo erörtern‹.

43,27 *Sie droht:* ›drohen‹ mit Akk.

43,28 f. *anstreichen:* durch Bestreichen mit belebenden Mitteln die Ohnmacht vertreiben; hier ironisch gemeint.

43,31 *Diesem habe ich nie nachgefragt:* nach diesem, dem Sohn des Präsidenten, habe ich ihn nie gefragt.

43,34 *Versicherungen:* Zusicherungen der Ehe.

44,9 *Echo:* den dazwischenredenden Ferdinand.

I. Wort- und Sacherklärungen zu II,6

44,10 *bezahlte:* bewußt beleidigend: Luise als bezahlte Dirne.
44,17 *Verschluß:* grobe Umschreibung des Geschlechtsakts.
44,20 *jetzt sind Sie frei:* Die Frage des Präsidenten ist ehrverletzend für Luise, so daß sie augenblicklich auf der Lösung ihrer Verbindung mit Ferdinand besteht.
44,28 f. *ein Leben an mich zu fodern:* er verdankt ihm sein Leben und ist daher sein Schuldner, jetzt sagt er sich los von ihm. Zur Wortform ›fodern‹ vgl. Anm. zu 34,28.
44,32 f. *für Wut ... für Angst:* vor Wut ... vor Angst.
44,35 *Mähre:* vgl. Anm. zu 26,16, umgspr. dann wie hier: liederliches Frauenzimmer, das sich mit jedem einläßt.
44,37 *Tax':* (frz.) festgesetzter Preis, Gebühr.
Halten zu Gnaden: Höflichkeitsformel: behalten Sie mich in Gnaden, seien Sie mir gnädig gesinnt.
45,4 *Adagio:* (ital.) langsames, ruhiges Musikstück oder Satz einer Sonate.
45,14 *devotestes:* (lat.) ehrerbietigstes.
45,15 *Kompliment:* (frz./span.) Empfehlung, Höflichkeitsbezeigung.
dermaleins: von Schiller für ›dermaleinst‹, einstmal.
Promemoria: (lat.) Gesuch, Eingabe.
45,26 *Pranger:* Schandpfahl, vgl. Anm. zu 23,7.
Metze: urspr. Koseform von ›Mechthild‹, im 15. Jh. dann verächtlich ›Hure‹.
45,29 *Plane:* alter, nichtumgelauteter Plural, Pläne.
46,5 *Leibschneider:* Schneider, der nur für die Garderobe des Herzogs zuständig ist, vgl. Leibwache, Leibdiener.
46,27 *eiserne Halsband:* mit dem die Verurteilten am Pranger angeschlossen wurden.
46,28 *Steinwürfen:* Das Volk bewarf die am Pranger Stehenden oft mit Steinen.
47,1 *an ihr auf:* er hat neben der Ohnmächtigen gekniet.
47,3 *Gefäß:* Früher für ›Griff des Degens‹, von ›fassen‹.
Wag es: Der wag es.
47,8 *Memmen:* mhd. memme, mamme ›Mutterbrust‹, stammt wahrscheinlich aus der kindlichen Lallsprache; seit dem 16. Jh. als Schimpfwort ›Feigling‹.
47,23 *Pasquill:* (ital.) Schmäh-, Spottschrift.
47,30 *possierlicher:* abgeleitet aus ›possieren‹, Possen spielen, Spaß treiben, Unsinn machen.

34 I. Wort- und Sacherklärungen zu III,1

47,34 *Portepee:* vgl. Anm. zu 33,21.
48,1 *wenn deine Klinge auch spitzig ist:* wenn du nicht bloß drohst, sondern auch zustoßen kannst.
48,7 *wie man Präsident wird:* vgl. 19,3 f. und 21,22-24.
48,9 *Laßt sie ledig:* laßt sie frei, die Einengung auf ›unverheiratet‹ erst in neuerer Zeit.

Dritter Akt. Erste Szene

49,5 *Streich:* urspr. ›einen Schlag gegen jemanden führen, Anschlag auf jemanden‹, vgl. 49,9; erst später in der Bedeutung von ›Unfug, Schabernack‹.
49,14 *eintreiben:* ältere Bedeutung ›einschüchtern, in die Enge treiben‹.
49,18 *bunt:* hier in übertragener Bedeutung ›wirr, unsinnig‹, vgl. ›alles bunt durcheinanderwerfen‹.
49,20 *Akademien:* (griech.) im 16. Jh. und später auch als Bezeichnung für ›Universitäten‹.
49,23 *persönlichem Adel:* der aus der Persönlichkeit kommt, von Familie und Stand unabhängig, vgl. Anm. zu 13,25.
49,27 *Ambition:* (lat./frz.) Bestreben, Ehrgeiz.
49,30 *Handel:* vgl. Anm. zu 5,8.
49,35 *Mittel ... gestiegen:* das Mittel, durch das Sie aufgestiegen sind, Karriere gemacht haben, vgl. 19,3 f. und 21,22.
50,19 *Partie Piquet:* ein Spiel Piquet, frz. Kartenspiel für zwei Personen.
50,22 *Mine:* (frz.) ›unterirdische Bohrlöcher für Sprengungen‹, dann auch Sprengkörper.
50,25 *Roman:* hier in der Bedeutung von ›Liebesgeschichte‹.
50,38 *den Barometer:* hier in der alten mask. Form.
50,40 f. *Machen Sie ... verdächtig:* Wecken Sie Verdacht gegenüber dem Mädchen in ihm.
51,1 *Gran:* (neutr.) aus lat. gran ›Korn‹, kleinste Gewichtseinheit der alten Apothekergewichte, 0,06 Gramm.
51,12 f. *Partie ... zurückgeht:* Ausdruck aus dem Bereich des Kartenspiels, das Spiel geht verloren.
51,17 *Billetdoux:* vgl. Anm. zu 6,20, hier in Verbindung mit frz. doux ›süß‹: Liebesbriefchen.
51,30 *Halsprozeß:* Prozeß, der mit der Todesstrafe ausgeht.
51,31 *Siegelbewahrers:* Er bewahrte meist als Minister die

I. Wort- und Sacherklärungen zu III,1 35

Staats- und Fürstensiegel auf und siegelte die Staatsurkunden.
51,34 *Schächer:* ahd. scāhhari ›Straßenräuber‹, hat sich erhalten als Bezeichnung für die mit Christus gekreuzigten Verbrecher, hier soviel wie ›armer Kerl, armer Schuft‹.
51,34 f. *Kobold:* mhd. kobold ›Hausgeist‹, der an sich wohltätig ist. In neuerer Zeit tritt mehr ein bösartiger Zug in den Vordergrund. Hier: mit einem Schreckgespenst gefügig machen.
51,35 *Nadelöhr:* Anspielung auf Matth. 19,24: »Es ist leichter, daß ein Kamel durch ein Nadelöhr gehe, als daß ein Reicher ins Reich Gottes komme.« Übertragen: Das Unmögliche möglich machen.
51,39 *Klemme:* umgspr., Notlage, schwierige Situation.
52,2 *peinlicher Anklage:* nach den Formen der hochnotpeinlichen Gerichtsordnung (von lat. poena ›Strafe‹).
Schafott: Im 16. Jh. aus mittelniederl. scafaut < frz. echafaud ›erhöhtes Gerüst, auf dem die Hinrichtung stattfindet‹, urspr. ›Baugerüst‹.
52,17 *körperlichen Eid:* feierlichen Eid; der Begriff kommt von der vorgeschriebenen Haltung des Körpers.
52,25 f. *Ruf ihrer Tugend:* ihren guten Ruf, ihre öffentlich anerkannte Unberührtheit.
52,26 *ziehen gelindere Saiten auf:* die Saiten herunterstimmen, umgspr., nachsichtiger, weniger streng sein.
52,28 *erkennen:* als berechtigt ansehen und dies zu erkennen geben, heute nur noch in ›anerkennen‹. Der vorliegende Gebrauch ist für Schiller typisch, im Sinne von ›dankbar anerkennen‹.
für Erbarmung: als Erbarmen; dieser Gebrauch von ›für‹ nur noch in Formeln wie ›etwas für gut und richtig halten‹; ›Erbarmung‹ im 19. Jh. durch ›Erbarmen‹ verdrängt, vgl. aber noch ›erbarmungslos‹. Bei Schiller findet sich auch die noch ältere Form ›Erbarmnis‹.
52,29 *Reputation:* (frz.) Ansehen, guter Ruf.
52,31 *satanisch:* hebr./griech. satanas ›Widersacher, Teufel‹.
53,2 f. *Eau de mille fleurs:* (frz.) ›Tausendblütenwasser‹, Parfüm.
53,3 *Bisam:* vgl. Anm. zu 19,17.
53,3 f. *auf jedes alberne ... Dukaten:* auf jedes seiner al-

bernen Worte kommt eine Handvoll Dukaten, so reich ist er. *Dukaten:* urspr. in Venedig geprägte Goldmünzen, die ihren Namen nach der Aufschrift »Sit tibi Christe datus quem tu regis iste ducatus« (Dir, Christus, sei dieses Herzogtum gegeben, welches du regierst). Seit 1559 dt. Reichsmünze, in Süddeutschland bis 1871.

53,4 *Delikatesse:* (frz.) Köstlichkeit, Besonderheit, hier für die Beziehung: vornehmer, reicher Mann – bürgerliches Mädchen.
53,5 *bestechen:* hier: für sich einnehmen, überzeugen.
53,6 *skrupulös:* (lat.) ängstlich, peinlich genau.
53,12 *zustand' sein:* fertig sein.
53,20 f. *Anstalten ... getroffen:* Vorbereitungen getroffen für die Verhaftung des Millers.
53,21 *Aufstand:* Aufsehen durch einen Auflauf von Menschen bei der Verhaftung.

Zweite Szene

53,28 *en passant:* (frz.) im Vorbeigehen, beiläufig.
53,30 *Opéra Dido:* »Didone abbandonata«, Oper von Niccolo Jommelli (1714–74; 1753–69 Hofkapellmeister in Stuttgart), Text von Pietro Metastasio (1698–1782). Dido, Königin von Karthago, setzt, nachdem Aeneas sie verlassen hat, in der Schlußszene der Oper ihren Palast in Brand. Die Oper wurde mehrfach am Hofe Karl Eugens aufgeführt. Vgl. Schillers Brief an Dalberg vom 7. 6. 1784 und Kap. III,2.
süperbeste: frz. superbe ›prächtig‹.
53,36 f. *poussiert:* vgl. Anm. zu 9,32.
54,5 *fixieren:* lat. fixare ›festmachen, vereinbaren‹.
54,10 f. *Windmacher:* der leeres, nichtssagendes Zeug redet.
54,16 *Fortune:* (lat./frz.) Glück.
54,19 *mon Dieu:* (frz.) mein Gott.
54,27 *ins Werk zu richten:* ›Werk‹ urspr. im Sinne von ›Tätigkeit, Arbeit‹, hier also: in Gang zu setzen, zu bewerkstelligen.
54,28 *Erniedrigung:* indem er den Plan aufgab, Luise festzunehmen, vgl. 48,9.
54,33 *Oberschenk:* Mundschenk, Hofbeamter, der für die Getränke zu sorgen hatte.

I. Wort- und Sacherklärungen zu III,2 37

54,37 *Todfeinde zusammen sind:* einer des andern Todfeind.
55,3 *worauf:* auf dem.
Englischen: die Anglaise, ein aus dem engl. Volkstanz entwickelter Gesellschaftstanz des 18. und 19. Jh.s.
55,5 *Domino:* zu lat. dominus ›Herr‹, urspr. langer Winterrock des Geistlichen, später dann höfisches Maskenkleid mit langem, weitem Mantel und Kapuze.
55,10 *kommt ... in Alarm:* in Aufregung, in Aufbruch, von ital. all'arme ›zu den Waffen‹.
55,11 *Kammerjunker:* im Rang zwischen Kammerpage und Kammerherrn stehend.
55,12 *Redoutensaal:* ital./frz. redoute ›geschlossene Veranstaltung mit geladenen Gästen, Ball, bes. Maskenball‹.
55,17 *Impertinent:* in der Juristensprache aus spätlat. impertines ›nicht zur Sache gehörig‹, dann allgem. ›ungehörig, frech‹.
55,19 *Malice:* (frz.) Bosheit, Tücke.
55,20 *ermann:* sich ermannen, ›sich aufraffen, sich zusammenreißen‹.
55,25 *Bravo ... Bravissimo:* (ital.) gut, tüchtig; ›bravissimo‹ als Steigerungsform ›ganz vortrefflich, ausgezeichnet‹.
55,31 *allen Puder:* die Perücken des 18. Jh.s waren weiß gepudert.
55,32 *auf den ganzen Ball:* ›auf‹ hier in der Bedeutung ›für‹.
56,1 *bizarr:* (ital./frz.) ungewöhnlich, seltsam.
56,4 *bei Ihnen steht:* von Ihnen abhängt.
56,22 *Narrenspossen:* Narrenunsinn. Genitivkomposition mit einem nicht notwendigen -s- in der Kompositionsfuge, das den Genitiv offenbar verstärken soll.
56,25 *Ehmann:* (oberdt.) Ehemann; v. Kalb gibt sich plötzlich moralisch, vgl. dazu 54,12 f.
56,35 f. *Premierminister:* frz. premier ›der erste‹; der erste, oberste Minister des Fürsten, heute auch Ministerpräsident.
56,39 *Stuttierter:* im Erstdruck in schwäb. Lautung »Schtuttierter«, mundartlich und umgspr. für: Akademiker.
57,1 *Bonmot:* (frz.) Witz, geistreiche Bemerkung.
57,6 f. *Rendezvous:* (frz.) Stelldichein.

57,14 *Ohngefähr:* mhd. âne gevaere ›ohne böse Absicht‹, daraus frühnhd. ongefer(e).
57,18 *Mort de ma vie:* (frz.) wörtl. ›Tod meines Lebens‹; ich will des Todes sein.
57,18 f. *ihn schon waschen:* ihm schon zusetzen.
57,20 *Amouren:* (frz.) Liebschaften.
57,24 *berichtigen:* absprechen, richtig festlegen.
57,26 *Importance:* (frz.) Bedeutung, Wichtigkeit.

Dritte Szene

58,3 *eiternden Aussatz:* vom Altertum bis ins 19. Jh. in Europa weit verbreitete Infektionskrankheit, bei der der Körper von eitrigen Geschwüren bedeckt war und allmählich zerfiel.
58,5 *warm:* solange die Sache noch warm ist, sofort.

Vierte Szene

58,15 *stehe nicht mehr für:* trete nicht mehr ein für.
58,17 *Mordtat:* vgl. 21,22 und 48,5–7.
58,23 f. *Zirkel:* lat. circus ›Kreis‹.
58,33 *Baltischen Meer:* Ostsee.
58,34 *sandigten:* Adjektivbildung mit -ig ist heute die übliche. Hier wird eine urspr. Bildung auf -icht, die von Substantiven ausgeht, mit -ig vermischt, bes. häufig in den frühen Werken Goethes und Schillers.
59,1 *üppigste Schwung:* üppigste Blüte, begeisterndste Wirkung.
59,4 *Kirche:* hier: Gemeinschaft, wie ›Kirche‹ ja auch sonst als Kollektivum für ›Gemeinschaft der Gläubigen‹.
59,26 f. *auf dem Rade:* bes. grausame Strafe, bis Anfang des 19. Jh.s üblich. Man band »den Verbrecher zwischen die Speichen eines Rades ausgestreckt fest und drehte dieses schnell um, bis jener seinen Geist aufgab. Später wurden dem Verbrecher die Glieder [...] mit dem Rade zerstoßen und zerbrochen« (Meyer).
59,36 f. *gehört deinem Stande:* deiner Gesellschaftsschicht, dem Adel, nicht einem bürgerlichen Mädchen.
59,37 *Kirchenraub:* Kirchenraub galt als eine der größten Freveltaten.

I. Wort- und Sacherklärungen zu III,5 und 6

60,5–11 *einem Bündnis ... Opfer war:* vgl. dazu die Worte Karl Moors in der Schlußszene (V,2) in Schillers Drama »Die Räuber«.
60,25 *in einsamen Mauren:* Klostermauern; lat. murus, ahd. mura, mhd. mūre, von daher diese ältere Schreibweise, vgl. Anm. zu 24,15.

Fünfte Szene

61,11 *Odem:* durch Luthers Bibelübersetzung verbreitete Nebenform von ›Atem‹.
61,15 *Geblüts:* Gesamtmasse des Blutes, hier: Aufregung, erhitzte Phantasie.

Sechste Szene

61,31 *Schandbühne:* Pranger, vgl. Anm. zu 23,7.
62,14 *Auffallend zu ahnden:* besonders deutlich sichtbar zu bestrafen.
62,18 *Vorsicht:* bis ins 19. Jh. ›Vorsehung‹.
62,21 *Entsetzliche Freiheit:* der Wahl.
62,26 *Büberei:* Schurkenstück, vgl. Anm. zu 42,28.
62,29 *Spinnhaus:* Zuchthaus für Frauen, die dort spinnen mußten.
62,30 *Jetzt ist es völlig:* Jetzt fehlt nichts mehr.
62,31 *Abgeschält von:* losgelöst von der Vorsehung, da es nichts mehr geben kann, was für sie aufgespart bleiben könnte.
62,35 *immerhin:* hier in der urspr. Bedeutung ›von jetzt an immerfort‹.
62,40 *ohnmöglich:* ›ohn-‹ in Zusammensetzungen »seit dem 15. Jh. häufig statt ›un-‹ [...]. Es beruht dies auf einer Art Volksetymologie, indem man etwa bei ›ohnfehlbar‹ [...] an ›ohne Fehl‹ [...] dachte. Im Lauf des 18. Jh.s wurden diese Formen, von den Grammatikern bekämpft, allmählich wieder beseitigt, doch finden sich noch bei Lessing, Goethe, Schiller und ihren Zeitgenossen Belege« (Paul).
63,2 *Eulengesang:* Ruf des Käuzchens, der im Volksglauben Unglück verheißt.
63,3 f. *Schaft der Notwendigkeit:* Die Notwendigkeit ist der Speer-(Pfeil-)schaft, der durch das Herz geht.

I. Wort- und Sacherklärungen zu III,6

63,5 f. *Angsttropfe:* Tropfen des Angstschweißes; zur Form vgl. Anm. zu 13,20–22.
63,17 *Eisen:* Messer.
63,18 *knirschenden Gelenken:* der sich in Angst windenden Verurteilten.
63,19 *Streich der Erbarmung:* Todesstoß.
63,22 *an dich hältst:* bei dir behältst, verschweigst.
63,23 *Ladung:* zerstörende Sprengladung.
63,27 *verstehe mich wenig auf:* verstehe wenig von.
63,27 f. *eure fürchterliche lateinische Wörter:* starke Flexion.
63,32 *Wo will das hinaus:* Wo wird das hinführen.
64,19 *Erdengötter:* die Großen der Welt.
64,20 *nämlichen Siebe:* in dem gleichen Sieb, das Gute und Schlechte trennt.
64,32 f. *eine Menschlichkeit:* eine Tat der Menschlichkeit.
64,34 *Supplikantin:* (lat.) Bittstellerin.
64,35 *mit brechendem Laut:* mit versagender Stimme.
65,2 *Cherubim:* (hebr.) Paradieseswächter, in der christlichen Theologie eine Stufe aus den Engelshierarchien.
65,14 *Es ist nur:* Es gibt nur.
65,37 f. *auf die Folter zu schrauben:* Eine der mittelalterlichen Foltermethoden war das Anlegen von Daumenschrauben.
66,7 *Argus:* ein hundertäugiger Riese aus der griech. Mythologie.
66,15 *Schröcknisse:* im 17. und 18. Jh. Schreibung für ›Schrecknis‹, in der Bedeutung hier: Schrecken, Schrecklichkeit.
66,20 *in Ihrem Belieben:* in Ihrer freien Entscheidung; vgl. 66,24 *ob's ihm beliebe:* ob er es angenehm finde.
66,22 *Barbar:* ungesitteter, roher Mensch, aus griech. barbaros ›roher und ungebildeter Nichtgrieche‹.
66,27 *überlistenden:* der mit List überwindenden.
66,37 *lachte:* eigtl. Konj. Prät.; ›um nicht laut lachen zu müssen‹.
67,29 *Wieso:* Wieso wäre das *etwas Entsetzliches.*
67,36 *das Sakrament darauf nehmen:* Sie muß das Abendmahl nehmen, um den falschen Brief nicht danach noch als Sünde beichten zu können.

I. Wort- und Sacherklärungen zu IV,1   41

Vierter Akt. Erste Szene

68,13 *Pharotisch:* Tisch, an dem das Kartenspiel Pharo oder Pharao gespielt wird. Die Bezeichnung stammt von dem auf einer Karte dargestellten ägyptischen Pharao. Das Pharo galt als Glücksspiel wegen der Betrugsmöglichkeiten als bes. verrufen.

68,30 f. *himmlische Schminke:* Schein der Unschuld, ähnlich wie die Schminke Schein in der Schönheitspflege ist.

69,3 f. *schwebenden Lauts:* leisen, kaum hörbaren Lauts.

69,4 f. *Mich zu berechnen ... Träne:* die innere Verfassung aus einer Träne zu berechnen.

69,5 *gähen:* jähen. Die Form mit j schon bei Luther, doch hält sich g daneben bis ins 18. Jh.

69,7 f. *Grimasse:* hier: Maske, Verstellung, vgl. Anm. zu 21,17.

69,24 *Kunst:* Verstellungskunst.

69,35 *Wunsch blicken lassen:* Wunsch geäußert; ergänze: mich zu sehen.

70,6 *Allmacht:* göttliche Allmacht.

70,11 *Während daß:* Kurzform für das alte ›Während dessen daß‹.

70,25 *Über dem Schnupftuch:* Besonders harte Form des Pistolenduells. Die beiden Duellanten fassen ein Tuch an zwei Enden und schießen auf diese Distanz.

70,31 *Dafür wird gebeten sein:* Ich möchte doch darum bitten (nicht davonzulaufen).

70,34 *Gang vor den Wall:* Duelle wurden immer vor den Mauern der Stadt ausgetragen.

70,37 *Schlag an:* Bring die Pistole in Anschlag.

71,5 f. *Der Notnagel zu sein:* Nagel, der in größter Not noch hält, hier: auszuhelfen, wenn sich kein anständiger Mensch zu einer Sache hergeben will.

71,6–8 *In einem Augenblick ... Nadel:* von den Bücklingen des Höflings, wie der Schmetterling, der vom Sammler aufgespießt wird und sich windet.

71,9 f. *Mietgaul seines Witzes:* für Geld arbeitendes Geschöpf, das die Einfälle und Launen seines Herrn ausführt.

71,11 *Murmeltier:* bis zu 50 cm große Bergmaus, lebt im Hochgebirge und galt deshalb früher als Seltenheit. Sie läßt sich gut dressieren und war eine Attraktion der

Schausteller; ahd. murmunto aus rom. murem montis ›Bergmaus‹, zu lat. mus, muris, Akk. murem ›Maus‹.

71,12 *Geheul der Verdammten:* in der Hölle.
apportieren: frz. apporter ›herbeibringen‹; bei dressierten Tieren ›einen geworfenen Gegenstand zurückbringen‹.

71,13 f. *die ewige Verzweiflung:* die Hölle.

71,17 *Schmerzenssohn:* blasphemische Anspielung auf das Leiden Christi.

71,18 *sechsten Schöpfungstag:* Nach 1. Mose 1,27 schuf Gott den Menschen am sechsten Tag.

71,18–20 *Als wenn ... nachgedruckt hätte:* Der Versuch, die Schöpfung Gottes nachzuahmen, so schlecht, wie der unrechtmäßige Nachdruck eines Werkes, in billiger Ausstattung, voller Druckfehler. Im 18. Jh. waren die Nachdrucker der Schrecken der Autoren, da es kein Urheberrecht gab. Berüchtigt waren zu Schillers Zeit die Tübinger Buchhändler und Verleger Schramm und Frank.

71,21 *Unze:* früher weitverbreitete Gewichtseinheit, sowohl als Handels- wie auch als Apothekergewicht, ca. 27,2 g, aus lat. uncia ›zwölfter Teil eines Ganzen‹.

71,22 *Pavian:* altfrz. babouin, Affenart aus der Gattung der Tieraffen.

71,23 *geholfen:* verholfen.

71,24 *Bruch:* Bruchteil.

71,30 *Toleranz:* (lat.) Duldsamkeit.

71,33 f. *Trebern:* ahd. trebir, mhd. treber(n), Rückstände bei der Bierherstellung, werden als Viehfutter benutzt.

71,35 *am Hochgericht:* an der Hinrichtungsstätte, am Galgen, mit dem verfaulenden Fleisch der Gehenkten.

71,35 f. *im Schlamme der Majestäten:* im Sündenschlamm der Fürsten, bildl. für das Lasterleben; lat. maiestas ›Größe, Hoheit‹.

71,37 *Polizei der Vorsicht:* Staatsverwaltung der Vorsehung (vgl. Anm. zu 62,18), ›Polizei‹ bis ins 18. Jh. noch in dieser Bedeutung, aus griech. politeia, spätlat. politia ›Staatsverfassung, Staatsverwaltung‹.

71,38 *Blindschleichen:* Noch das Grimmsche Wörterbuch spricht 1860 von der Blindschleiche als von einer blinden, giftigen Schlange.
Taranteln: (ital.) nach der Stadt Tarent; giftige Wolfsspinnenart, jedoch für den Menschen entgegen dem Volksglauben harmlos.

I. Wort- und Sacherklärungen zu IV,4,5 und 6 43

71,40 *meine Blume:* Luise.
72,5 *Bicêtre:* Dorf und Kloster bei Paris, seit 1656 Armenhospital und Irrenhaus.
72,18 f. *die Tugend ... verfälschen:* der Wollust den Anschein der Tugend geben.

Vierte Szene

73,13 f. *mit einer Seele geizen:* um eine Seele knausrig sein.
73,16 *graß:* mhd. graz ›zornig‹, später ›grauenerregend‹ an Stelle des heutigen ›gräßlich‹, das nicht mit ›graß‹ verwandt ist, ebensowenig wie ›kraß‹, ›unerhört, sehr stark‹.
73,17 f. *auf ein Rad ... geflochten:* vgl. Anm. zu 59,26 f.

Fünfte Szene

Vgl. zu dieser Szene die Varianten im ›Mannheimer Soufflierbuch‹ Kap. II,2.
74,3 *mißkannt:* verkannt.
74,11 f. *verfehlte ... des Weges:* alter Gen.
74,15 *Abbitten ... an mir:* Statt des reinen Dat. verwendet Schiller den Dat. mit Präp.
74,31 *Tugend ... Gold:* Ihre Tugend zählt soviel wie eine vornehme Ahnenreihe, ihre Schönheit soviel wie Reichtum.

Sechste Szene

75,10 *schrecklich harmonisch:* harmonisch, weil auch die Lady Ferdinand liebt, schrecklich, weil sie außer der Lady Ferdinand liebt.
75,11 *nahm:* benahm.
75,20 *Laune:* Stimmung.
75,21 *Nebenbuhlerin:* buhlen: sich mit einem zugleich um etwas bemühen, mit einem anderen wetteifern. Vgl. Anm. zu 23,11.
75,29 *Heiducken:* ungar. hajdú ›Treiber, Hirt‹; im 18. Jh. Diener hoher ungar. Adliger, auch in Deutschland.
75,33 f. *Luchsaugen:* der Luchs, eine Raubkatze, galt als bes. scharfsichtig.
75,35 *Kreatur:* (lat.) Geschöpf, hier: ein so erbärmliches Wesen wie eine Bediente, die nur auf Klatsch aus ist.

Siebente Szene

76,28 *Urteil der Menge:* das von der Furcht gegenüber der einflußreichen Lady geprägt ist.

76,31 *zu leben wissen:* sich zu benehmen wissen.

76,35 *Patronin:* lat. patrona ›Beschützerin, Gönnerin‹.

76,36 *geschraubt:* geziert, gekünstelt.
Klientin: lat. cliens ›Schutzbefohlener eines Patrons oder einer Patronin‹.

77,1 *Schelmerei:* hier ›hintergründige Verschmitztheit‹ im Gegensatz zu 17,14. Die Lady meint, Luise verstehe sehr wohl ihre Anspielung, äußere sich aber absichtlich nicht.
offene Bildung: Offenheit des Ausdrucks, der Gesichtszüge.

77,17 *als wenn ... dürfte:* so, als wenn ich sie annehmen würde.

77,19 *Ihrer Herkunft:* bürgerlicher Herkunft.

77,20 *Herrschaften finden:* adlige Familien, bei denen sie als Diener arbeiten können.

77,21 *Kostbare:* ironisch gebraucht.

77,22 *bißchen Gesicht:* bißchen schönes Aussehen.

77,29 f. *im Feuer vergoldet:* im 18. Jh. war die Feuervergoldung mit einem auf Silber erhitzten Gold-Quecksilber-Gemisch gegenüber der kalten Vergoldung, bei der Goldzunder (Goldchlorid und verbrannte Leinwand) auf das blanke Metall bloß dünn aufgerieben wurde, die dauerhaftere.

77,34 f. *der einen Demant ... gefaßt zu sein:* er achtete nur auf die Goldfassung, nicht auf den wertvolleren Stein. Zu *Demant* vgl. Anm. zu 26,25.

77,40 *Blatternarbe:* ahd. blattara ›Blase‹, bezogen auf die Hautblasen bei der Pockenkrankheit, die Narben hinterlassen.

78,1 f. *Grazien:* röm. Göttinnen der Anmut, zu lat. gratia ›Wohlgefallen‹.

78,7 *Rubin:* roter Edelstein, zu lat. rubens ›rot‹.

78,8 f. *scharf ... eifert:* zornig gegen die Eitelkeit redet.

78,10 *Lose:* Hinterlistige, Durchtriebene.

78,11 *Promessen:* (lat./frz.) Versprechungen, Verheißungen.

78,13 *Manieren und Welt:* Formen des guten Benehmens und die Fähigkeit, sich in der großen Welt der oberen Gesellschaftsschichten zu bewegen.

I. Wort- und Sacherklärungen zu IV,7

78,14 *bürgerlichen Vorurteile:* gegenüber anderer Lebensart, bürgerliche Enge.

78,17 *Läppischer:* alberner, lächerlich, zu Lappen ›wertloses Stück Stoff‹.
Bube: hier, im Gegensatz zu 42,28, ›junger Mann‹.

78,20 f. *sage ... gut:* stehe dafür ein.

78,24 *Freistätten der frechsten Ergötzlichkeit:* Stätten, wo ungestraft den beschämendsten Ausschweifungen nachgegangen wird.

78,26 *in die Pest:* in die Laster, vgl. Anm. zu 6,38 *Pestilenzküche.*

78,27 *Vergiftung:* Ansteckung durch die Sünde.

78,29 *Skorpion:* vgl. Anm. zu 21,35.

78,34 f. *Himmelsstriche:* Landstriche, weite Gebiete.

78,36 *Sehen Sie sich ... für:* Sehen Sie sich vor, geben Sie acht.

79,8 *Maximen:* (lat.) Grundsätze.

79,13 *Fersenstoß:* Fußtritt.

79,17 *Henkerstuhl:* vgl. Anm. zu 52,2.

79,18 *Aufrichtigkeit:* die gefährliche Aufrichtigkeit gegenüber der Lady.

79,28 *seine Übereilung:* erst das Glück der Liebe zu Ferdinand, dann die Zerstörung dieses Glücks.

79,31 *Seraph:* (hebr.) sechsflügeliger Engel des Alten Testaments. Die Seraphim umschweben anbetend den Thron Gottes; in Klopstocks »Messias«, dessen Einfluß hier deutlich ist, entsprechen sie den Erzengeln.

79,32 f. *grausambarmherzig:* Oxymoron, Zusammenstellung zweier sich widersprechenden Eigenschaften.

79,34 *das Elend:* Luise sieht sich als personifiziertes Elend.

79,36 *Folie:* lat. folium ›Blatt‹, im übertragenen Sinne ein Hintergrund, auf dem sich etwas bes. deutlich abhebt, bezogen auf die Technik des Schattenrisses. Hier ist das Elend die Folie, auf der sich das Glück abzeichnet.

79,37 *Blindheit:* bezieht sich auf 79,29 ff.

79,38 *Insekt:* Schiller meint hier offensichtlich die sogen. Wimperntierchen, einzellige Lebewesen, die in stehenden Gewässern auftreten und Ende des 17. Jh.s von dem Holländer Anton van Leuwenhoek (1632–1723) zum ersten Mal unter dem Mikroskop beobachtet wurden.

80,3 f. *mit Überraschung sie fragend:* sie mit der Frage überraschend.

80,6 f. *Hat dieses Herz ... Standes?:* Ist Ihnen im Herzen auch so wohl, wie es Ihnen in Ihrem äußeren Leben ist?
80,10 *auf Ihr Gewissen:* auf Ihr reines Gewissen vertrauend.
als meine Mutter: als wären Sie meine Mutter.
80,18 *Kondition:* lat. conditio ›Bedingung‹, hier ›Stellung als Bedienstete‹.
80,33 *schimpfliche:* schändliche, ehrlose.
80,37 f. *wie ein Gespenst ... auseinanderscheuchen:* ein Gespenst, das Verbrechern erscheint und sie von frevelhaftem Tun abhält. Vgl. Johann Anton Leisewitz, »Julius von Tarent« (1776), III,4: »Mitten in euren Umarmungen soll plötzlich mein Bild in eurer Seele aufsteigen, und die Küsse werden auf euren Lippen zittern wie Tauben, über denen ein Adler hängt.«
80,39 *Mumie:* arab. mumiya ›einbalsamierter Leichnam‹.
81,20 *barbarischen Tat:* der von Wurm in III,6 diktierte Brief.
81,36 f. *in seinen Händen:* deren Schicksal in seinen Händen liegt.

Achte Szene

82,18 *Grenzen deines Geschlechts:* Grenzen des üblichen weiblichen Verhaltens.
82,33 *wütende Liebe:* rasende, unvernünftige Liebe.
83,2 *Verweisung:* Ausweisung, Verbannung, vgl. ›des Landes verweisen‹.

Neunte Szene

83,12 *Auftaumeln:* aus ihrem dahindämmernden Zustand.
83,13 *Drahtpuppe:* Marionette.
83,15 *Hofschranzen:* schmeichelnde Höflinge, zu Schranz, ›geschlitztes Gewand‹, das eitle Höflinge trugen.
83,20 *Sacktragen:* wie der Esel.
83,32 *wegzukriegen:* zu erhaschen.
83,33 *Serenissimus:* Durchlauchtigster, von lat. serenus ›heiter, hell, klar‹, Titel für Fürsten.
83,34 *Sand streut:* Zum Trocknen der Tinte wurde feinster Sand über das Papier gestreut.
83,35 *schwarzen Undank*: größten Undank.
84,2 *mit Wucher:* ahd. wuohhar ›Ertrag, Gewinn‹, später

I. Wort- und Sacherklärungen zu IV,9

dann ›Erzielung eines unberechtigt hohen Gewinns durch Ausnützung der Notlage eines anderen‹. Hier: Die Scham der Lady wegen ihrer Handlungsweise ist ein Vielfaches von dem, was der Herzog für sie ausgegeben hat.

84,4 f. *distrait:* (frz.) zerstreut.

84,7 *Vauxhall:* Dorf bei London, dann »Bezeichnung eines abendlichen Gartenfests im Stil der Vergnügungen, wie sie von der Londoner vornehmen Gesellschaft in den Vauxhall-Gardens fast 2 Jahrhunderte lang (1660–1835) abgehalten wurden. [...] Die Bezeichnung Vauxhall war in Mannheim bis in die ersten Jahrzehnte des 19. Jahrhunderts für Ballveranstaltungen üblich und geläufig« (NA V,224).

84,8 *Komödie:* hier in der älteren Bedeutung ›Schauspiel‹, lat. comoedia ›Lustspiel‹.

84,11 *Dessert:* (frz.) Nachtisch.
Gegen: gegenüber, zu.

84,12 *Garderobe:* (frz.) hier ›Dienerschaft‹, vgl. jedoch 100,32 ›Dienerzimmer‹.

84,16 *echauffiert:* (frz.) erhitzt, außer sich.

84,17 *gelogen sein:* aus der Emotion heraus wird die Wahrheit gesprochen.

84,18 *vakant:* (lat.) frei, unbesetzt.

84,19 *zweifelhaften:* zaghaften, unentschlossenen.

84,34 *Johanna Norfolk:* Sie unterschreibt hier mit ihrem wirklichen Namen, vgl. Anm. zu 34,36, und nicht mit dem angenommenen Emilie Milford.

84,39 *jücken:* Im 18. Jh. geläufige Nebenform zu ›jucken‹: der Überbringer müßte darauf aus sein, seinen Kopf zu verlieren.

85,3 *erwürgen:* als intrans. Verb ›ersticken‹.

85,6 *Ciel!:* (frz.) Himmel!

85,8 *Disgrace:* (frz./engl.) Ungnade.

85,11 *guten Leute:* Anrede, die eine veraltete Form des Vokativs verwendet. Statt des schwach gebeugten Attributs ›guten‹ wird heute die starke Beugung verwendet, und die Form des Vokativs stimmt mit der des Nominativs überein.

85,12 *Rätsel entwickeln wird:* Rätsel lösen wird.

85,21 *Schatulle:* (lat./frz.) Schatz- oder Schmuckkästchen, aber auch wie hier: Privatkasse mit Bargeld.

85,31 *Geistesbankerott:* Unfähigkeit, irgendeinen Gedanken zu fassen; ital. banco rotto ›zerbrochener Tisch‹ (des Geldwechslers), zahlungsunfähig sein, dann auch allgem. für ›vernichtet, am Ende sein‹.
85,36 *Loretto:* Loreto, berühmter ital. Wallfahrtsort bei Ancona. Als Büßer eines schweren Vergehens pilgerte man barfuß dorthin.

Fünfter Akt

86,2 *zwischen Licht:* in der Dämmerung, im Zwielicht.

Erste Szene

An dieser Szene hat Schiller im ›Mannheimer Soufflierbuch‹ (vgl. Kap. II,2) mehrfach Änderungen vorgenommen.
86,12 *auf allen Toren:* an allen Toren der Stadt.
86,21 f. *Du tust recht ...:* Hier bringt das ›Mannheimer Soufflierbuch‹ einen Einschub, der die eigtl. zu erwartende Freude Luises über den wiedergefundenen Vater als auch einen Bericht Millers über seine Gefangenschaft im Turm gibt.
86,28 f. *Nur der Gewissenswurm ... Eule:* Nur das schlechte Gewissen gesellt sich zur Nachteule, kommt bei Nacht.
86,35 *Er:* vgl. Anm. zu 12,12.
87,12 *traurigen Stern:* Ordensstern auf der Brust des Präsidenten, vgl. 46,24.
87,17 *Sakramente eisernes Band:* vgl. 67,35–37.
87,23 *Wenn:* Wann.
87,25 *erbreche:* breche das Siegel des Briefes auf.
87,28 *Augen der Liebe:* für Augen der Liebe, Schiller verwendet hier den reinen Dativ.
88,1 *Ganz nur Liebe:* Indem du ganz nur Liebe bist, mußt du ...
88,5 *Karmeliterturm:* Turm der Karmeliterkirche. Der Karmeliterorden wurde von dem kalabrischen Kreuzfahrer Berthold um die Mitte des 12. Jh.s auf dem Berge Karmel in Palästina gestiftet.
88,7 *zuschanden gemacht:* urspr. ›beschämt‹; später auch ›verdorben, zunichte gemacht‹.

I. Wort- und Sacherklärungen zu V,1

88,27 *Girlanden:* frz. guirlande ›Blumen-, Laubgewinde‹, aus altfrz. garlande ›Kreis‹.

88,29 f. *Liebesgott ... tückisch:* Amor, der röm. Liebesgott, *tückisch* deshalb, weil er seine Liebespfeile aus dem Hinterhalt abschießt. Zu dieser Beschreibung des Todes vgl. Lessings Schrift »Wie die Alten den Tod gebildet« (1769) und Schillers Gedicht »Die Götter Griechenlands« (1788), Vers 65 ff.

88,31 *Genius:* (lat.) Schutzgeist.

88,32 *Graben der Zeit:* bildlich: der zwischen Leben und Tod verläuft.

89,20 *behorcht:* belauscht.

89,26 *Kapitale:* (lat.) Geldbeträge, die angelegt werden. Miller meint bildlich die Liebe zur Tochter, die sich im Alter als Fürsorge für den Vater dann verzinst.

90,5 *Für Gift:* vor Gift.

90,8 f. *treuloses Gaukelbild:* Ferdinands Liebe; ahd. gougolōn, mhd. gougeln ›Taschenspielerkünste treiben‹. ›Gaukelspiel‹ bezeichnet ein unreales, vorgetäuschtes Spiel oder Gebilde.

90,12 *sterbliche Puppe:* Ferdinand, *dieser zerbrechliche Gott deines Gehirns.*

90,22 f. *stehe dir ... nicht mehr:* bin dir für diese Seele nicht mehr verantwortlich.

90,40 *wohin ich mich neige:* welchen Entschluß ich auch fasse.

91,1 *zernicht:* vernichte, mache zunichte.

91,1 f. *sein letztes Gedächtnis:* das letzte Gedenken an ihn.

91,6 f. *Kind! das ich ... nicht wert war:* ein Kind, wie ich dessen mein Lebtag nicht wert war.

91,20 *setze ... auf die Laute:* komponiere für die Laute.

91,22 *Ballade:* ital. ballata ›Tanzlied‹, dann Volkslied erzählenden Inhalts, Ende des 18. Jh.s zur Bezeichnung der Kunstform. Das Motiv, erlittenes Unglück als Bänkelsang vorzutragen, tritt im Sturm und Drang öfter auf, vgl. A. Leisewitz, »Julius von Tarent«, V,7: »Ein Lied will ich aus dem ganzen Jammer machen, und das soll mir Blanca um Mitternacht singen.« F. M. Klinger, »Das leidende Weib« (1775), V,2: »Nimm meine Kinder, und wir gehen heischen. Wollen betteln, deine Geschichte erzählen.«

91,24 *der Weinenden:* der vor Rührung Weinenden.

Zweite Szene

91,36 *Überraschtes Gewissen:* Ferdinand deutet Luises Erschrecken als ein Eingeständnis von Schuld.
92,6 *zerstückte:* in Stücke teilte, zerstückelte, zu mhd. zerstucken.
92,8 *Aderschlag:* Pulsschlag.
92,23 *schimpft:* macht schlecht, straft Lügen.
92,35 *seinen Witz noch zu kitzeln:* seinen Geist noch zu ergötzen, indem er ironische Bemerkungen macht; vgl. Anm. zu 6,35.
93,1 *gangbare Münze:* gültige Münze, bildlich für ›üblich‹.
93,15 *Firnis:* Harzlösung, die rasch trocknet und einen durchsichtigen Überzug ergibt, z. B. über Gemälden; bildlich für ›Oberfläche, äußerer Schein‹.
93,33 *giftige Natter:* Luise.
93,38 *Vergiß nicht:* vgl. 87,31.
94,2 *klügelnde:* überlegen argumentierende, klug tuende. Diese Ableitung geht möglicherweise auf Luther zurück, der das Verb oft polemisch gebrauchte, um das im Gegensatz zum Glauben allzu selbstsichere Philosophieren zu charakterisieren.
94,3 *Witz aller Weisen:* Verstand aller Weisen.
94,3 f. *O die Vorsehung ... fallen:* vgl. dazu Matth. 10,29.
94,29–32 *Eine Lüge ... täuschtest:* vgl. Lessing, »Emilia Galotti« IV,5: »Orsina: [...] Für mich keine einzige Lüge mehr? Keine einzige kleine Lüge mehr, für mich?«
94,33 *Hauch:* Atem.
95,12 *Strich:* Streifen, vgl. Anm. zu 78,34 f.

Dritte Szene

95,29 f. *Lektion auf der Flöte:* Unterricht auf der Flöte, aus lat. lectio ›das Lesen‹, daraus dann ›Lehrstunde‹, in der urspr. auch vorgelesen wurde.
95,33 *akkordierten:* vereinbarten, zu frz. accorder ›in Einklang bringen‹.
95,34 *Skorpionen:* Skorpione, zur Familie der Spinnentiere gehörend, mit Giftstachel am Hinterleib, in Südeuropa; griech. skorpios, lat. scorpio, ahd. scorpion. Vgl. jedoch auch die Bedeutung in Anm. zu 21,35.

I. Wort- und Sacherklärungen zu V,4 und 5

96,6 f. *an diesem Apfel ... sollte:* Anspielung auf 1. Mose 3.
96,11 *Gepreßt:* gedrückt, verlegen.
96,23 f. *Barschaft:* vgl. Anm. zu 89,26.

Vierte Szene

96,36 *Brust für das:* Herz dazu, Mut dazu.
97,3 f. *unüberschwengliche:* nicht zu überbietende, von keinem Gefühl zu übertreffende.
97,13 *Puppen:* wertloses Spielzeug.

Fünfte Szene

97,22 *wenn's nur Tränen wären:* und nicht auch das Gift, das er hineinmischen wird.
97,36 *Wurm:* als Bild für den Verfall.
97,36 f. *Donnerschlag:* plötzliches Unheil.
98,5 f. *auf einen einzigen Wurf:* im Würfelspiel.
98,10 *allmächtige:* im Schwäbischen ›allmachts-‹ soviel wie ›riesig, ungeheuer‹, in vielen Zusammensetzungen als Verstärkung.
98,19 *Zerstreuung:* Zerstreutheit, Gedankenlosigkeit, Miller meint, Ferdinand täusche sich in der Summe.
98,23 *Alten oder Neuen:* Wein.
98,30 *Merkwürdiges:* ironisch von Ferdinand gegenüber dem armen Miller.
98,33 *Bubenstück:* vgl. Anm. zu 42,28; Miller meint, Ferdinand wolle ihn bestechen.
98,40 *Halbnarr:* »als milde Schelte für einen thörichten Menschen« (Grimmsches Wörterbuch).
99,3 *Viktoria:* lat. victoria ›Sieg‹, das Wort wurde dann als Siegesruf verwendet.
99,5 *grausamen:* ungeheuren, auch dieses Wort wird im Schwäbischen in Zusammenhängen wie in 98,10 verwendet, als Steigerung.
99,17 *Gaudium:* (lat.) Freude.
99,18 *herausblechen:* zurückzahlen, ›blechen‹ in der Gauner- und Studentensprache seit dem 18. Jh. für ›zahlen‹.
99,19 *Laß Er sich das nicht anfechten:* Laß Er sich davon nicht bekümmern; diese Bedeutung existiert schon im Mhd.

99,20 *zu setzen:* niederzulassen.
99,21 *Stempel:* die mit dem Prägestempel hergestellten Prägungen auf diesen Münzen.
99,25 *was ich:* wie ich.
99,26 *schießt:* eilt schnell.
99,27 f. *auf dem Markt ... Musikstunden geben:* öffentlich, umsonst Musikstunden geben.
99,28 *Numero fünfe Dreikönig:* gute Tabakmarke, nach dem Bild auf der Packung.
99,29 *Dreibatzenplatz:* billigster Sitzplatz im Theater. Batzen: Seit 1495 wurden in der Schweiz und im süddeutschen Raum Münzen geprägt, die nach den aufgeprägten Bären oder Bätzen des Berner Wappens benannt wurden. Ihr Wert betrug 16 Pfennig oder 4 Kreuzer.
99,36 *meine Tochter!:* wie gut soll es meine Tochter haben!
100,1 *Plunder:* spätmhd. blunder bezeichnet urspr. Kleidung und Wäsche, die negative Bedeutung erhält das Wort später in Verbindung mit dem Verb ›plündern‹: Kram, wertloses Zeug.
100,5 *aus dem Fundament:* von Grund auf, zu lat. fundamentum ›Grund, Grundlage‹.
Menuett-Tanzen: (frz.) ›Tanz mit kleinen Schritten‹; dieser frz. Volkstanz im ³/₄-Takt wurde im 17. Jh. Hof- und Gesellschaftstanz.
100,7 *Kidebarri:* Cul de Paris, ein Kissen, das am Rückenteil des Kleides befestigt war, um dem Rock die modisch gebauschte Form zu geben.

Sechste Szene

100,18 *Sie befehlen:* Sie verlangen eine andere; Luise als Dienerin.
100,25 *böse Laune:* mhd. lūne aus lat. luna ›Mond‹; bezeichnet urspr. den Mondwechsel, dann überhaupt ›Wechsel‹, bes. ›Wechsel der Stimmung‹, hier ›in schlechter Stimmung, nicht aufgelegt sein‹.
100,33 *Legitimation:* (lat.) Ausweis, Beglaubigung.
101,2 *an mich eingeschlossen:* in einem Brief an Ferdinand enthalten.

I. Wort- und Sacherklärungen zu V,7 53

Siebente Szene

101,22 *vor sich hinaus:* vor sich hin.
101,25 *akkompagnieren:* begleiten auf der Flöte, frz. accompagner ›begleiten‹.
101,26 *einen Gang:* nachgebildet aus frz. faire un passage ›ein Musikstück spielen‹.
Fortepiano: Pianoforte = Klavier, zu ital. forte ›laut‹, piano ›leise‹, das Hammerklavier läßt sich im Gegensatz zum Spinett und Klavichord laut und leise anschlagen.
101,27 *Pantalon:* Um 1690 verbessertes Hackbrett (Saiteninstrument, das mit kleinen Holzhämmern geschlagen wird), benannt nach dem Instrumentenbauer Pantaleon Hebenstreit (1660–1750); Vorläufer des Hammerklaviers, auf das der Name dann, wie hier, überging.
101,29 *Revanche:* (frz.) Vergeltung, Rache; im Schach ›Rückspiel‹.
101,34 *Dessin:* (ital./frz.) Webmuster, Stickmuster.
102,6 *blöde:* schüchterne.
102,9 *verschickten:* fortschicken.
102,19 f. *Galanterien:* (frz.) lockeres Leben, auch erotischer Genuß ohne innere Beziehung.
102,20 *Grillen:* vgl. Anm. zu 21,11, hier ›Launen, trübe Stimmungen‹.
102,31 f. *Wettlauf:* von einem Liebesverhältnis zum andern.
102,34 f. *gemeinschaftlichen Familienzug:* einer Geschlechtskrankheit.
102,35 *Kind dieser Mutter:* Abkömmling eines solchen Lebenswandels.
102,40 *verdienen:* durch deine Lästerreden.
103,8 *Fleck:* Stelle, Möglichkeit.
103,14 *matt:* schwach, zu wäßrig.
103,34 *Schärpe:* um 1650 aus frz. écharpe ›Armbinde‹. Als Dienstabzeichen der Offiziere ein um den Leib geschlungener Stoffstreifen, verziert und in den Landesfarben.
103,35 *Gute Nacht, Herrendienst:* Indem er Schärpe und Degen von sich wirft, kündigt er den Dienst beim Herzog als Soldat auf.
104,6 *schmelzende:* schmachtenden, starke Flexion.
104,8 *gräßliche Knoten:* Verschlingungen und Verknotungen des Schlangenleibes.

104,16 *himmlischen Bildners:* Bildhauers, der den Menschen nach seinem Ebenbild schafft, vgl. 104,33.

104,21 *fortkommen:* existieren.

104,27 f. *Schäferstunde:* Lehnübersetzung von frz. heure du berger. In der Schäferpoesie des 17. und 18. Jh.s wird damit die zärtliche Liebesstunde des Hirten mit der Hirtin bezeichnet. Von da aus dann allgem. für ›Liebesstunde‹. Hier ist damit wohl eine ›besonders glückliche Stunde‹ gemeint.

105,20 *Flor:* aus frz. velours ›dünnes Gewebe‹; heute meist schwarzes Gewebe, das seit dem 17. Jh. auch zur Trauer verwendet wird, so hier ›Trauerflor‹.

105,21 *Gemeines:* Alltägliches.

105,26 *wie eine:* wie jede andere auch.

106,17 f. *Die zärtliche Nerve ... zernagen:* Die zarten Nerven halten unmenschlichen Freveltaten stand. Nerve im 17./18. Jh. für ›Nerv‹, von lat. nervus ›Sehne‹.

106,19 *Arsenik:* starkes Gift.

106,35 *vergiß es ihm:* vergib es ihm.

107,12 *gichterisch:* krampfhaft. ›Gicht‹ wurde im Gegensatz zu heute für alle Arten von Gliederschmerzen, insbes. aber für krampfhafte Zuckungen verwendet; ›gichterisch‹ bei Schiller häufig.

107,16 *toter:* stiller.
hingewurzelt: festgewurzelt.

107,18 *O des kläglichen Mißverstands:* O welch ein beklagenswertes Mißverständnis.

107,22 *emporgeworfen:* aufgeworfen, aufgerichtet.

107,39–108,1 *Wie reizend ... hin:* vgl. dazu Romeos Monolog aus Shakespeares »Romeo und Julia« V,3.

107,40 *Würger:* der Tod; ›würgen‹ für ›töten‹ ist bibelsprachlich, vgl. etwa Klagelieder Jer. 2,21: »Du hast gewürgt am Tage deines Zorns«, vgl. 109,13 *Würgengel,* so auch in »Die Räuber« IV,5.

Letzte Szene

Vgl. zu dieser Szene die Änderungen im ›Mannheimer Soufflierbuch‹ Kap. II,2.

108,10 *den Brief:* den Miller von Ferdinand überbracht hat.

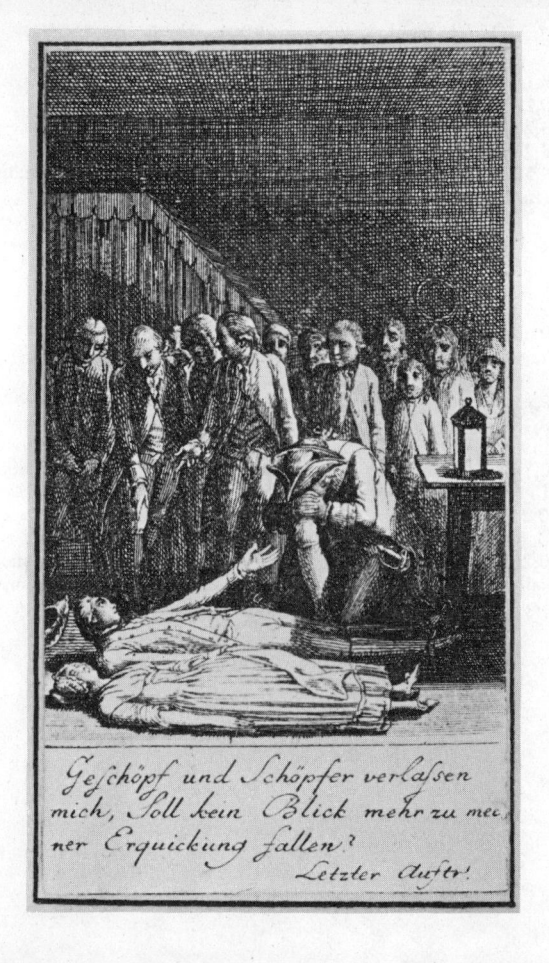

Kupferstich von Daniel Chodowiecki. Schiller-National-museum Marbach a. N.

108,15 f. *das getan:* das angetan.
108,20 *Finte:* ital. finta ›List, Täuschung‹.
108,23 *hölzerne Puppe:* der Hofmarschall.
108,26 *weinte:* Konj. Prät.
108,30 *rechten:* Recht sprechen, Gott tritt für ihre Sache ein.
109,27 *Schlangenrat:* Rat der Schlange, Anspielung auf 1. Mose 3.
109,28 *Ich wasche die Hände:* vgl. Matth. 27,24.
109,30 *auf was Art:* auf was für eine Art.
109,31 *sich ... danken:* sich bedanken.
109,34 *erkältet:* erstarren läßt.
109,36 *Ruft Mord:* Ruft »Mord!«.
110,5 *kitzeln:* ergötzen.
110,13 *brechender:* erlöschender.
110,15 *meine fürchterliche Erkenntlichkeit:* mein schrecklicher Dank, vgl. ›sich erkenntlich zeigen‹.
110,16 *Altar:* auf dem der über den Tod hinaus dauernden Liebe ein Opfer gebracht wird.
110,24 *Geschöpf und Schöpfer:* Menschen und Gott.
110,26 *sterbende:* ersterbende.
110,28 *Jetzt euer Gefangener:* Der Präsident übergibt sich selbst der Gerichtsbarkeit, vgl. dazu auch Lessing, »Emilia Galotti« V,8 und »Die Räuber« V,2.

II. Fragment der ersten Niederschrift und Varianten

Bis auf ein Fragment der ersten Niederschrift (aus Szene II,3) liegen weder Entwürfe zu »Kabale und Liebe« vor, noch existiert eine handschriftliche Fassung.
Varianten gegenüber dem Erstdruck (»Kabale und Liebe ein bürgerliches Trauerspiel in fünf Aufzügen von Fridrich Schiller. Mannheim, in der Schwanischen Hofbuchhandlung, 1784.« und »Kabale und Liebe ein bürgerliches Trauerspiel in fünf Aufzügen von Fridrich Schiller. Frankfurt und Leipzig. 1784.«) bietet jedoch die Theaterfassung für die Mannheimer Premiere 1784. Diese Theaterfassung, das sogenannte ›Mannheimer Soufflierbuch‹, stammt von Schiller. Über alle Einzelheiten der Textüberlieferung und Textkritik unterrichten der Anhang zu Band 5 der Nationalausgabe und vor allem der Apparat zur kritischen Ausgabe von Herbert Kraft (zu beiden Ausgaben vgl. Literaturverzeichnis).

1. Fragment der ersten Niederschrift (›Bauerbacher Fragment‹)

Das in der Textgeschichte von »Kabale und Liebe« mit der Sigle H bezeichnete Fragment von Szene II,3 ist ein aus der Zeit der ersten Niederschrift in Bauerbach (vgl. Kap. IV,2) stammendes, von Schiller beidseitig beschriebenes Quartblatt, das »jedenfalls vor dem 23. April 1783 anzusetzen ist« (NA V,199). Die Handschrift befindet sich heute im Goethe-und-Schiller-Archiv in Weimar.
Die folgende Transkription gibt aus Gründen der Lesbarkeit den Text der Nationalausgabe, die beste textkritische Wiedergabe findet sich in der Ausgabe von Kraft.
Die Zusätze in eckigen Klammern stammen von den Herausgebern Heinz Otto Burger und Walter Höllerer.

»einst gegeneinander stellt – Aber Sie haben die E n g l ä n d e r i n in mir aufgefodert,
FERDINAND *aufmerksam, auf seinen Degen gestützt*

LADY Hören Sie also, was ich außer Ihnen noch niemand vertraute, noch jemals einem Menschen vertrauen will. Ich bin nicht die Abentheurerin, Wieser, für die Sie mich halten. Ich könnte gros thun und sagen, ich bin fürstlichen Geblüts – aus der unglüklichen Thomas Norfolks Geschlechte, der für die schottische Maria ein Opfer ward. Mein Vater – des Königs oberster Kämmerer – wurde bezüchtigt, in verräthrischem Vernehmen mit Frankreich zu stehen, durch einen Spruch der Parlamente verdammt, und enthauptet. Alle unsre Güter fielen der Krone zu. Wir selbst wurden [d]es Landes verwiesen. Meine Mutter starb am Tage [d]er Hinrichtung. Ich – ein dreizehnjähriges Mädchen – [f]lohe nach Teutschland mit meiner Amme, einem Kästchen [J]uweelen, und diesem Familien   meine sterbende Mutter mit ihrem letzten Seegen mir in den Busen stekte –

FERDINAND

LADY *fährt fort unter grosen inern Bewegungen* Krank – ohne   ohne Vermögen – ohne Namen – eine ausländische Wayse kam ich nach Hamburg. Ich hatte nichts gelernt als etwas französisch – ein wenig Filet und den Flügel; desto beßer verstund ich, auf Gold und Silber zu speisen, unter damastenen Deken zu schlafen, mit einem Wink zehen Bediente fliegen zu machen, und die Schmeicheleien der Grosen Ihres Geschlechts anzuhören. – Fünf Jare waren schon hingeweint – Die lezte Schmuknadel flog dahin. – Meine Amme starb – und jezt führte mein Schiksal Ihren Herzog nach Hamburg. Ich spazierte an den Ufern der Elbe – sah in den Fluß, und fieng an zu phantasieren, ob dieses Waßer, oder mein Leiden [verb. aus: Elend] wol tiefer wäre? Der Herzog sah mich – verfolgte mich – fand meinen Auffenthalt [verb. aus: meine Einsamkeit] – lag zu meinen Füßen und schwur daß er mich l i e b e. Alle Bilder meiner glüklichen Kindheit wachten jezt wieder mit verführendem Schimmer auf – Schwarz, wie das Grab, gähnte mich eine Trostlose Zukunft an – Mein Herz brannte nach eine[m] Herzen – Ich sank an das Seinige *mit einem Strome von Tränen* Jezt verdammen Sie mich! *sie will sich hinausstürzen*

FERDINAND *der diese ganze Zeit über in tiefer Erschüt-*

Anfang des Bruchstücks der ersten Niederschrift (NA, Bd. 5, nach S. 200)

terung stand, fährt mit Heftigkeit auf, folg[t] der Lady, und stürzt ihr zu Füßen Das ist wider die Abrede Lady – Sie solten Sich von Anklagen reinige[n] und machen m i c h zu einem Verbrecher – Fluch über«

NA V,200.

2. Varianten aus dem ›Mannheimer Soufflierbuch‹

Im Februar 1784[1] begann Schiller sein Stück für eine Aufführung auf der Mannheimer Bühne zu bearbeiten. Seine Streichungen und Zusätze trug der Souffleur und Theaterschreiber Johann Daniel Trinkle – wohl nach Schillers Handexemplar – im März 1784 in ein Exemplar des gerade erschienenen Erstdruckes (Frankfurt und Leipzig 1784) ein.
Als Schiller dann – ebenfalls im März – daranging, sein Stück in Mannheim selbst zu inszenieren, nahm er die erneuten Textänderungen dieser Inszenierungsarbeit noch in die offensichtlich schon fertige Theaterfassung auf. Diese zweite Bearbeitung ist nur an einigen Stellen mit Sicherheit von der ersten zu trennen, so z. B. in der letzten Szene (s. u.).
Auf der so entstandenen Fassung beruhte dann die Mannheimer Premiere vom 15. April 1784. Diese Fassung diente mit verschiedenen Änderungen bis ins 19. Jahrhundert hinein als Regiebuch für Inszenierungen am Mannheimer Theater und wird in der Textgeschichte als das ›Mannheimer Soufflierbuch‹ (Sigle M) bezeichnet. Es befindet sich in der Wissenschaftlichen Stadtbibliothek in Mannheim und wurde ebenfalls von Herbert Kraft ediert (s. Literaturverzeichnis).
Die Grundsätze, nach denen Schiller seine Bearbeitung vornahm, lassen sich folgendermaßen zusammenfassen: 1. Beschränkung der Spieldauer, 2. Zugeständnisse an die kirchliche Zensur, 3. Milderung des Ausdrucks, 4. Politische Rücksichtnahmen, 5. Zurücknahme des bildlichen Ausdrucks, 6. Erleichterung des Verständnisses, 7. Änderungen in der Entwicklung der Charaktere. (Vgl. dazu ausführlicher: Kraft, ›Mannheimer Soufflierbuch‹, S. 211–239.)

[1] Vgl. dazu Streichers Bericht in Kap. IV,3.

Kabale und Liebe

ein

bürgerliches Trauerspiel

in fünf Aufzügen

von

Fridrich Schiller.

Frankfurt und Leipzig.
1784.

Titelblatt der mit dem Druckvermerk ›Frankfurt und Leipzig‹ versehenen Erstausgabe (Kraft, ›Mannheimer Soufflierbuch‹, nach S. 32)

[Vierter Akt]
FÜNFTE SZENE.
Der Präsident und Ferdinand.

FERDINAND. (zurüktretend) O! – Mein Vater!

PRÄSIDENT. (steht betreten still – nachdem er Ihn eine zeitlang betrachtet hat, mit erzwungener Güte) Du kehrst die Augen von mir? – du weichst meinem Anblick aus? – Ferdinand! – es ist das erstemal, daß wir uns begegnen – (seine Hand fassend, sanft) Ich suche meinen S o h n – hab ich ihn noch nicht gefunden?

FERDINAND. (nach einer grosen Pause, worinn schreckliche Empfindungen in seinen Minen arbeiten) Vater! – ich bin ein verworfener Mensch. Ich habe ihre Warnung verachtet – ich habe Ihre redliche Meinung verkannt – (lebhaft auf ihn zu gehend) Verzeihung! Verzeihung! (mit weichem Ton vor ihm niderfallend) Ihren Segen, mein Vater!

PRÄSIDENT. Was hast du? – Steh auf! dein ganzes Gesicht glüht? du zitterst?

FERDINAND. O! S i e kennen den Menschen – I h r e Mißbilligung war Weisheit – Ihre Härte war väterliche Huld! – Vater! Sie hatten eine weißagende Sele – Jezt ists zu spät – (aufspringend) Es ist zu spät! (nach einer stürmischen Umarmung) Unglücklicher Vater! Bete für deinen Sohn! (er stürzt aus dem Saal)

PRÄSIDENT. (stürzt Ihm nach) Was ist das? – Bleib! – Welche Andung. (ab)

Kraft: ›Mannheimer Soufflierbuch‹. S. 89 f.

Letzte Szene

In der letzten Szene lassen sich die erste und die zweite Bearbeitung verhältnismäßig gut voneinander trennen. Im folgenden werden beide Bearbeitungen eines Teils dieser Szene abgedruckt, Text und Apparat folgen der kritischen Ausgabe von Kraft.
⟨ ⟩ bezeichnet Ergänzungen des Herausgebers Kraft, / den Beginn einer neuen Zeile. *(a)* und *(b)* bezeichnen Änderungen innerhalb der Bearbeitung, die Reihenfolge ist chronologisch zu verstehen. Die Buchstaben *R* und *T* bezeichnen

Seite aus dem ›Mannheimer Soufflierbuch‹ (Kraft, ›Mannheimer Soufflierbuch‹, nach S. 112)

das Schreibmaterial der Änderungen: *T* = Tinte, *R* = Rötel, dabei *T*³ Änderungen mit Tinte, bei denen die Autorschaft Schillers unsicher ist.

Erste Bearbeitung

»MILLER *(fällt an ihr zu Boden)*. O Jesus! / FERDINAND. In wenig Worten Vater – Sie fangen an mir kostbar zu werden – Ich bin bübisch um mein Leben bestohlen, bestohlen durch *Sie*. Wie ich mit Gott stehe, zittre ich – doch ein Bösewicht bin ich niemals gewesen. Mein ewiges Los falle, wie es will – auf *Sie* fall es nicht – Aber ich hab einen Mord begangen *(mit furchtbar erhobener Stimme)* einen Mord, den *Du* mir nicht zumuten wirst *allein* vor den Richter der Welt hinzuschleppen, feierlich wälz ich dir hier die größte gräßlichste Hälfte zu, wie du damit zurecht kommen magst, siehe du selber *(zu Luisen ihn hinführend)*. / MILLER *(vom Leichnam aufspringend mit gräßlicher Stimme)*. Tot ist sie! tot! tot! – *(Zum Präsidenten.)* Mörder, gib mir sie wieder! Um Gottes willen! gib mir sie wieder! / PRÄSIDENT *(eine schreckliche Bewegung des Arms gegen den Himmel)*. Von mir nicht, von mir nicht, Richter der Welt, fodre diese Seele von *diesem*! *(Er geht auf Wurm zu.)* / WURM *(auffahrend)*. Von mir? / MILLER *(heftiger)*. Mörder! Mörder! Es war meine Einzige! gib mir sie wieder! Gib mir meine Einzige wieder! / PRÄSIDENT *(zu Wurm)*. Verfluchter von Dir! von dir Satan! – Du, du gabst den Schlangenrat – Über Dich die Verantwortung – Ich wasche die Hände. / WURM. Über mich? – *(Er fängt gräßlich an zu lachen.)* Lustig! lustig! So weiß ich doch nun auch, auf was Art sich die Teufel danken. – Über *(a)* mich die Verantwortung *(b)* mich, dummer Bösewicht? war es mein Sohn? war ich dein Gebieter? – Über mich die Verantwortung? Ha! bei diesem Anblick, der alles Mark in meinen Gebeinen erkältet! Über mich soll sie kommen! – Jetzt *will* ich verloren sein, aber *du* sollst es mit mir sein. – Auf! auf! Ruft Mord durch die Gassen! weckt die Justiz auf! Gerichtsdiener bindet mich! führt mich von hinnen! Ich will Geheimnisse aufdecken, daß denen, die sie hören, die Haut schauern soll. *(Will gehen.)* / PRÄSIDENT *(hält ihn zurück)*. Du wirst doch nicht, Rasender? / WURM *(klopft ihn auf die Schultern)*. Ich werde,

2. Varianten aus dem ›Mannheimer Soufflierbuch‹ 65

Kamerad! Ich werde – Rasend bin ich, das ist wahr – das ist dein Werk – so will ich auch jetzt handeln wie ein Rasender – Arm in Arm mit Dir zum Blutgerüst! Arm in Arm mit Dir zur Hölle! Es soll mich kitzeln, Bube, mit Dir verdammt zu sein. *(Er wird abgeführt.)* / MILLER *(wieder vor der Leiche).* Luise! meine Luise! hörst du deinen Vater nicht mehr? *(Springt auf.)* Mörder! Um Gotteswillen *(Lücke)* / PRÄSIDENT *(steht schnell auf).* Er vergab mir! *(Zu den andern.)* Jetzt euer Gefangener! *(Er geht ab.)* / GERICHTSDIENER *(folgen ihm).* / *(Der Vorhang fällt.)*«

Kraft: ›Kritische Ausgabe‹. S. 111 f.

Zweite Bearbeitung

»MILLER *(bleibt eine schreckliche Pause lang in stummer Verzweiflung u.⟨nd⟩ mit starrem Blick vor der Leiche stehen. Dann hohl u.⟨nd⟩ schrecklich).* Gott sei meiner Seele gnädig! *(Er stürzt schnell hinaus.)* / FERDINAND. Geht Ihm nach! – er verzweifelt – *(Einer geht ab.)* – In wenig Worten, Vater! – Sie fangen an mir kostbar zu werden – Ich bin bübisch um mein Leben bestohlen, bestohlen durch *Sie*. Wie ich mit Gott stehe, zittre ich – doch ein Bösewicht bin ich niemals gewesen. Mein ewiges Los falle, wie es will – auf *Sie* fall es nicht. – Aber ich hab einen Mord begangen – *(mit furchtbar erhobner Stimme)* einen Mord, den *du* mir nicht zumuten wirst, *allein* vor den Richter der Welt hin zu schleppen; feierlich wälz ich dir hier die größte gräßlichste Hälfte zu, wie du damit zurecht kommen magst, siehe du selber. *(Er fühlt die Wirkungen des Gifts.)* Die Ewigkeit ruft – Luise – Luise! – *(a)* Unendlich ist die Barmherzigkeit Gottes. *(b) getilgt R (Er fällt nieder.)* danach: ich komme! ich komme! T³ / PRÄSIDENT *(eine schreckliche Bewegung des Arms gegen den Himmel).* Von mir nicht, von mir nicht, Richter der Welt, fodre diese Seelen von diesem! *(Er geht auf Wurm zu.)* / WURM *(auffahrend).* Von mir? / PRÄSIDENT *(zu Wurm).* Verfluchter von Dir! von dir Satan! – Du, du gabst den Schlangenrat – Über Dich die Verantwortung – *(a)* Ich wasche die Hände. *(b) getilgt R* / WURM. Über mich? – *(Er fängt gräßlich an zu lachen.)* [...] *(a)* Lustig! lustig! So weiß ich doch nun auch, auf was Art sich die Teufel danken. – *(b) getilgt R* Über mich, *(a)* dummer Bösewicht? *(b) getilgt R* war es mein Sohn? war ich dein Gebieter? – Über mich die Verantwortung? Ha! bei diesem Anblick, der alles Mark in meinen Gebeinen erkältet! Über mich soll sie kommen! – Jetzt *will* ich verloren sein, aber *du* sollst es mit mir sein. – Auf! auf! Ruft Mord durch die Gassen! weckt die Justiz auf! Gerichtsdiener bindet mich! führt mich von hinnen! Ich will Geheimnisse aufdecken, daß denen, die sie hören, die Haut schauern soll. *(Will gehen.)* / PRÄSIDENT *(hält ihn zurück).* Du wirst doch nicht, Rasender? / WURM *(klopft ihn auf die Schultern).* Ich werde, Kamerad! Ich werde – Rasend bin ich, das ist wahr – das ist dein Werk – so will ich auch jetzt handeln wie ein Rasender – Arm in Arm mit Dir zum Blutgerüst! Arm in Arm mit Dir zur Hölle! Es soll mich kitzeln, [...] Bube, mit Dir verdammt zu sein. *(Er wird abgeführt.)* / PRÄSIDENT *(eilt schnell nach).*«

Kraft: ›Kritische Ausgabe‹. S. 112 f.

III. Der Stoff

Die folgenden Dokumente deuten lediglich an, was Schiller beeinflußt hat bzw. beeinflußt haben kann. Vgl. dazu die Äußerungen Streichers Kap. IV,3.

1. Literarische Einflüsse

»An erster Stelle muß aus dem Sturm und Drang, der in den siebziger Jahren seine hohe Zeit in der deutschen Literatur gehabt hatte, Heinrich Leopold Wagner mit seinem Drama ›Die Reue nach der Tat‹ (1775) genannt werden. Daß Schiller dieses Stück kannte, geht aus dem Aufsatz ›Über das gegenwärtige teutsche Theater‹ hervor. Die Handlung läuft in ›Kabale und Liebe‹ ganz ähnlich ab wie in ›Die Reue nach der Tat‹; außerdem gleicht Musikus Miller, als Vater von Luise, Wagners Kutscher Walz, dem Vater der unglücklichen Friderike. Ein anderes Wagnersches Stück, ›Die Kindermörderin‹ (1776), wurde Schiller bei seinem zweiten Mannheimer Aufenthalt Ende Mai 1782 von Dalberg mitgegeben (vgl. Schillers Brief vom 15. Juli[1]). Hier stellt Wagner, wie es dann auch Schiller tut, dem biederen Vater eine borniere Mutter zur Seite, der es schmeichelt, daß ein adliger Offizier an ihrer Tochter Gefallen findet.
Auf Ferdinand hat offensichtlich der Held in ›Julius von Tarent‹ (1776) von Johann Anton Leisewitz abgefärbt. Beide machen gegenüber dem ›menschlichen Regelwerk‹, d. h. gegenüber der Gesellschaftsordnung, das Recht des Herzens als natürliche Weltordnung geltend. Einige Stellen stimmen fast bis aufs Wort überein (vgl. ›Kabale und Liebe‹ I,4 und ›Julius von Tarent‹ II,1). Das Verhältnis, in dem Schiller zu Friedrich Maximilian Klingers Drama ›Das leidende Weib‹ (1775) steht, hat Otto Brahm untersucht. Noch

---

1 Schiller an den Mannheimer Theaterintendanten (1778–1803) Wolfgang Heribert von Dalberg (1750–1806): »Wagners Kindsmörderin, hat rührende Situationen, und interäßante Züge. Doch erhebt sie sich über den Grad der Mittelmäßigkeit nicht. Sie würkt nicht sehr auf meine Empfindung, und hat zu viel Waßer.«

1803 schreibt Schiller: ›Sagt dem General Klinger, wie sehr ich ihn schätze. Er gehört zu denen, welche vor 25 Jahren zuerst und mit Kraft auf meinen Geist gewirkt haben.‹
Einen überraschend starken Eindruck hat der junge Schiller außerdem von seinem Landsmann Freiherrn Otto von Gemmingen empfangen. Dessen weinerliches Familienschauspiel ›Der deutsche Hausvater‹, eine Bearbeitung von Diderots ›Le Père de Famille‹, fand er, nach einem Brief vom 12. Dezember 1781 an Dalberg, ›ungemein gut‹. Graf Karl liebt hier die Tochter eines Malers und nimmt bei ihm Zeichenstunde, wie Ferdinand bei Musikus Miller das Flötenspiel lernt. Der Lady Milford entspricht eine Gräfin Amaldi, nach den Worten des Grafen ›ein großes, herrliches Weib, eine männliche Seele‹. Mit dem Hinzutreten eines geschwätzigen Gecken, dem Hofmarschall von Kalb vergleichbar, ergibt sich in Gemmingens Stück schon fast die selbe Personengruppierung wie in ›Kabale und Liebe‹. Der Schauplatz wechselt hier wie dort zwischen Adelspalais, Bürgerstube und Boudoir der großen Dame. In der Ausgestaltung der Charaktere freilich und in der Handlungsführung erscheint uns ›Der deutsche Hausvater‹ alles andere als ›ungemein gut‹. Die tränenreichen Verwicklungen, durch die Gemmingen jeder Person Gelegenheit gibt, mehr oder weniger Edelmut an den Tag zu legen, laufen schließlich auf ein happy end hinaus.
Weitere Anregungen verdankt Schiller seinem Landsmann Johann Martin Miller, der mit ›Sigwart, eine Klostergeschichte‹ (1776) einen der beliebtesten Moderomane in der Nachfolge des ›Werther‹ geschrieben hatte. In einer Szene dieses Romans dringt der Vater des adligen Liebhabers bei einem Amtmann ins Haus ein, um dessen empfindsame Tochter zur Aufhebung ihres Verhältnisses mit dem jungen Herrn zu zwingen; dieser soll eine Dame seines Standes heiraten können. Miller gestaltet solche Szenen oft dialogisch und gibt mit manchen den Ton für ›Kabale und Liebe‹ an: ›Kronhelm ... (Er sah sie scharf an; sie wandte das Gesicht weg): Sie scheinen mir so mißtrauisch und so kalt zu seyn. Therese: Das bin ich nicht. – Soll ich etwas auf dem Klavier spielen? Kronhelm: Wenn Sie wollen. Aber dißmal spräche ich lieber. Therese: Auch gut! Wovon wollen wir denn sprechen? Kronhelm: Wovon, meine Liebe?

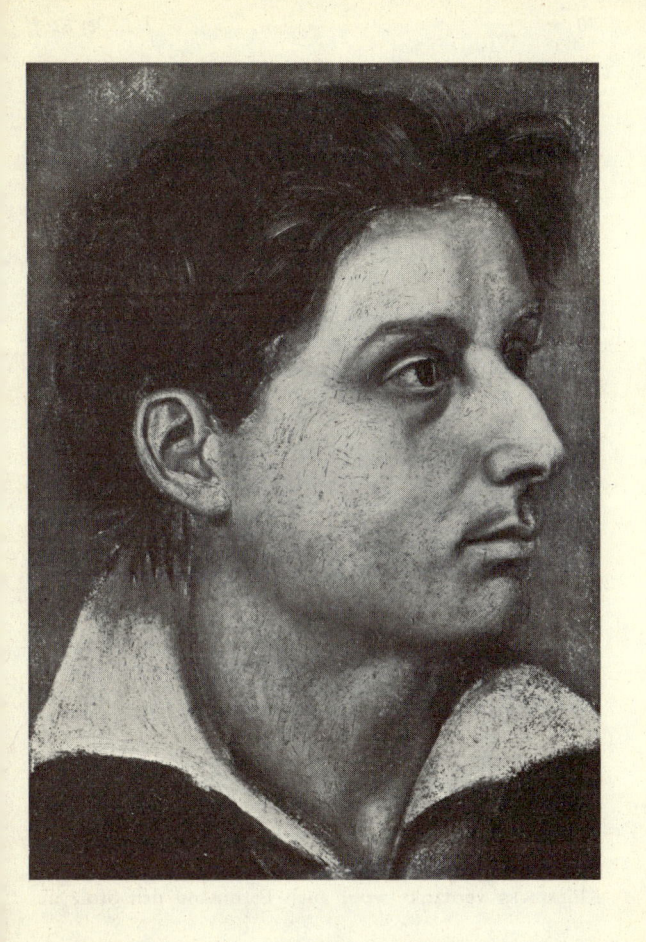

Schiller um 1780. Gemälde von Jakob Friedrich Weckherlin (?). Schiller-Nationalmuseum Marbach a. N.

Das fragten Sie doch sonst nicht. Therese: Ach, ich weiß nicht. Mir ist heut so wunderlich zu Muth! Ich habe Kopfweh‹ (Ausgabe von 1778, 2. Band, S. 69).

Aus der Ahnenreihe der adligen Gegenspielerin des Bürgermädchens, der Ahnenreihe von Schillers Lady Milford, lernten wir die Gräfin Amaldi bei Gemmingen kennen. Natürlich gehören dazu auch Lady Marwood in Lessings ›Miss Sara Sampson‹ und Gräfin Orsina in ›Emilia Galotti‹. Am Anfang steht Lady Millwood im ›London Merchant‹ von Lillo (1731). Lessings Marinelli können wir als eines der Vorbilder des Sekretärs Wurm ansprechen. Wie eingehend Lessing von Schiller studiert wurde, beweisen die Stellen in ›Kabale und Liebe‹, an denen nach Lessings Manier ein Gesprächspartner in rhetorischer Frage die Aussage seines Gegenüber wiederholt. So nimmt Ferdinand (II,3) Worte der Milford auf: ›Gezwungen, Lady? gezwungen gab? und also doch gab?‹

Nur an drei Einzelheiten sei noch erinnert. Indem er auf den Kirchgang Emilias anspielt, sagt Appiani (II,7): ›So recht, meine Emilia, ich werde eine fromme Frau an Ihnen haben‹; Wurm versichert in gleichem Zusammenhang (II,2): ›Das freut mich, freut mich. Ich werd' einmal eine fromme, christliche Frau an ihr haben‹. Zu Ende der II. Szene des III. Aktes ruft Appiani: ›Geh, Nichtswürdiger!‹ und fügt daran die Bemerkung: ›Ha! das hat gut getan. Mein Blut ist in Wallung gekommen. Ich fühle mich anders und besser‹; fast ebenso beschließt Lady Milford die 6. Szene des IV. Aktes: ›Hinweg! Ich befehl's! ... gut! Recht gut, daß ich in Wallung kam. Ich bin, wie ich wünschte‹. Selbst das Motiv, das den ersten Anstoß zur Handlung gibt und gleichsam die Lawine ins Rollen bringt, daß nämlich der Fürst vor der eigenen Hochzeit seine Favoritin loswerden und durch eine Heirat versorgen will, fand Schiller in ›Emilia Galotti‹ vorgezeichnet.[2]

Klopstocks Diktion klingt in den Dialogen zwischen Luise und Ferdinand, Luise und der Lady wider. Dem Vorgang Klopstocks verdankt wohl auch Ferdinand den Stolz auf

---

[2] Hier wird deutlich, wie sich Realität und literarischer Einfluß unlösbar vermischen. Vgl. die Tagebuchaufzeichnungen von Buwinghausen-Wallmerodes vom 15. 12. 1771.

2. Württembergische Zustände unter Herzog Karl Eugen

Herzog Karl Eugen (1728–93) regierte seit 1745, damals noch minderjährig, sein Land selbständig.

»Der Hof eines Landes, das nicht mehr als 600 000 Einwohner auf 155 Quadratmeilen zählte, wurde der prächtigste in Europa. Der Hofstaat umfaßte 2000 Personen, unter denen sich 169 Kammerherren von Adel nebst 20 Prinzen und Reichsgrafen befanden. Wenn der Herzog auf Reisen ging, und er reiste leidenschaftlich gern, so bestand sein Gefolge aus 700 Personen und 610 Pferden. Die Feste drängten sich, Bälle, Konzerte, Schlittenfahrten, Jagden, Feuerwerke reihten sich aneinander und zogen Vornehme in Scharen an. Manchmal hat der Herzog 300 Personen von Rang wochenlang unterhalten und mit den feinsten und teuersten Leckerbissen bewirtet. Einzelne dieser Veranstaltungen kosteten 3 bis 400 000 Gulden, erhielten die Damen doch manchesmal dabei Geschenke im Werte von 50 000 Talern. Ganz besonders berühmt waren die Feiern, mit denen der Herzog seinen Geburtstag beging. 1763 war in Ludwigsburg bei dieser Gelegenheit eine Orangerie errichtet worden, die tausend Fuß lang war, so daß die Orangen- und Zitronenbäume hohe, gewölbte Gänge bildeten. Als die Eingeladenen sich in ihnen dem Schloß nähern, befinden sie sich plötzlich in Wolken, die sich aber auf einen Wink des Herzogs teilen und den Olymp mit allen Göttern sehen lassen. Zeus befiehlt, den Palast der Pracht zu errichten, worauf auch die letzte Wolke verschwindet und man im mittleren Schloßhof den Palast erblickt, den goldene Säulen tragen und 200 000 Kerzen und Lampen erleuchten.«

Max von Boehn: Deutschland im 18. Jahrhundert. Berlin: Askanischer Verlag, 1922. S. 454.

---

3 Gemeint ist hier vor allem Rousseaus »La nouvelle Héloïse« (1761).

Die Art und Weise, wie der Herzog seinem Land das Geld für sein aufwendiges Leben abpreßte, kannte Schiller teils aus eigener Erfahrung, teils durch die Tätigkeit seines Vaters, der seit 1775 Leiter der herzoglichen Hofgärtnerei auf dem Schloß Solitude war.

Das letzte große Geldverschleudern des Herzogs erlebte Schiller vor seiner Flucht aus Stuttgart und vor der Niederschrift von »Louise Millerin« im Sommer 1782 anläßlich des Besuchs des Großfürsten Paul von Rußland, der seit 1776 mit der Prinzessin Sophia Dorothea von Württemberg verheiratet war. Die Theateraufführungen, Bälle und Jagdveranstaltungen, die der Herzog ausrichtete, kosteten Unsummen.

Gotthilf Kleemann hat die entsprechenden Dokumente aus dem Hauptstaatsarchiv Stuttgart (HStASt) und dem Staatsarchiv Ludwigsburg (StAL) aufgearbeitet und z. T. zusammengefaßt:

»Gebersheim: Wegen dem von Tag zu Tag fürdauernden ›Gejaid‹ und der dahin abzugebenden halben Jagensmannschaft und da auch die Maurer und ein Zimmermann bereits in herrschaftlicher Arbeit stehen, können bei der geringen Anzahl der Taglöhner keine Handfröner[4] mehr auf die Solitude geschickt werden. – Warmbronn: Für die Solitude kann kein Mann gestellt werden, da bereits das Jagen rings um unsern Ort stehet und die ganze Bürgerschaft zum Verfeuern gebraucht wird. (Rings um alle Jagddistrikte mußten unter ungeheurem Holzverbrauch nächtliche Feuer unterhalten werden, um das Wild von dem Ausbrechen abzuschrecken.) – Gerlingen: Die Gemeinde kann vom 20. August an keine 25 Mann und 3 Truhenkästen je mit einem Pferd stellen, weil das Jagen im Gerlinger Wald stehet und alle Tage über 50 Mann gebraucht werden, auch alle Tage viel Pferde, um die Zeugwagen[5] zu führen. Bisher schon über 80 Pferd gebraucht, teils zum Holzführen für das Verfeuern. (Die Gemeinde mußte trotzdem täglich 12–20 Mann zu Arbeiten am Bärensee[6] hergeben.) Wegen vielem Feldgeschäft suchen die Bauern nach Buben zur Aushilfe,

---

[4] die Frondienst in Form von Handarbeit leisten, nicht Gespanndienst.
[5] Geräte- und Waffenwagen für die Jagd.
[6] See in der Nähe des Schlosses Solitude.

2. Württembergische Zustände unter Karl Eugen

anstatt 6 Kreuzer muß man für diese 18–20 Kreuzer geben und noch Brot und Trinken zur Belohnung. – HStASt, A 572, Bü. 100. [...]
Vor Ankunft der Hohen Russischen Herrschaften haben viele Handwerksleute als Hofdreher, Hofflaschner, Vergolder, Stukkators[7] u. dgl. auf der Solitude gearbeitet, dort im Wirtshaus keine Unterkunft gefunden. Damit aber doch nach höchster Intention Serenissimi noch alles repariert und ausgeführt werden konnte, mußten dergleichen Arbeiter über Nacht behalten werden, weilen sonsten durch das Hin- und Herlaufen nach Stuttgart wenigstens 3–4 Stunden des Tags sie an der Arbeit versäumt hätten. Es mußte noch vor solcher Hoher Ankunft in vielen Zimmern, worinnen Handwerksleute geschafft, die Trumeaux[8], Malereien, Tapeten u. dgl. mit Lailacher (Leintücher) überdeckt werden. – Bei der Solituder Hausschneiderei mußten Domestiquen eingestellt werden. – StAL, A 27, 1. [...]
Hier sei eine von Pfarrer Flattich (Münchingen) überlieferte Geschichte eingefügt, die jene üppig besetzten Festwochen trefflich charakterisiert. Auf einem Spaziergang traf Großfürst Paul einen biederen Mann aus dem Volk und fragte ihn, ob er auch begierig sei, den Großfürsten zu sehen? Der Angeredete sprach: Ich brauche den hohen Herrn nicht persönlich zu sehen, denn ich weiß im voraus, daß ich ihn 10 Jahre lang in meinem Steuerzettel sehen werde. Diese offenherzige Antwort belohnte der Großfürst mit einem Goldstück.«

Kleemann: Schloß Solitude bei Stuttgart. Aufbau, Glanzzeit und Niedergang. Stuttgart: Klett, 1966. S. 253 f.

Während eines großen Feuerwerks für die russischen Gäste auf der Solitude verließen Schiller und Streicher am Abend des 22. September 1782 Stuttgart (vgl. Kap. IV,1).
Wenn es um das Geld für ihre aufwendige Hofhaltung ging, waren viele deutsche Fürsten nicht wählerisch. Eine Möglichkeit zur Geldbeschaffung sahen sie in der Vermietung oder dem Verkauf von Soldaten an ausländische Herrscher. Diese Praxis begann während des Siebenjährigen

---

7 Dreher = Drechsler; Flaschner = Klempner; Stukkator = Gestalter von kunstvollen Gipsverzierungen an Wänden und Decken.
8 Trumeau: Pfeilerspiegel.

Krieges (1756–63) und fand ihre Fortsetzung während des amerikanischen Unabhängigkeitskrieges (1775–83). Auch Herzog Karl Eugen von Württemberg suchte sich diese Geldquelle zu erschließen.

Der schwäbische Dichter und Journalist Christian Friedrich Daniel S c h u b a r t (1739–1791), der wegen seiner Kritik am Herzog von 1777 bis 1787 auf dem Hohen Asperg eingekerkert war, schrieb in der von ihm herausgegebenen »Teutschen Chronik« am 25. März 1776:

»Hier ist eine Probe der neuesten Menschenschatzung! – Der *Landgraf von Hessenkassel* bekommt jährlich 450 000. Thaler für seine 12 000. tapfere Hessen, die gröstentheils in Amerika ihr Grab finden werden. Der *Herzog von Braunschweig* erhält 65 000. Thaler für 3964. Mann Fußvolks und 360. Mann leichter Reuterey, wovon ohnfehlbar sehr wenige ihr Vaterland sehen werden. Der *Erbprinz von Hessenkassel* giebt ebenfalls ein Regiment Fußvolk ab, um den Preis von 25 000. Thaler. 20 000. Hannoveraner sind bekanntlich schon nach Amerika bestimmt, und 3000. Meklenburger für 50 000. Thaler auch. Nun sagt man, der *Churfürst von Bayern* werde ebenfalls 4000. Mann in Englischen Sold geben. Ein fruchtbarer Text zum predigen für Patrioten, denen 's Herz pocht, wenn Mitbürger das Schicksal der Negernsklaven haben, und als Schlachtopfer in fremde Welten verschickt werden. –«

Schubart: Teutsche Chronik aufs Jahr 1776. Ulm o. J. S. 194.

Und unter dem 28. März 1776 meldete er:

Eine Sage

Der *Herzog von Württemberg* soll 3000. Mann an Engelland überlassen, und dieß soll die Ursache seines gegenwärtigen Aufenthalts in London[9] seyn – !!!

Ebd. S. 201.

Wie es sich mit dieser ›Sage‹ letztlich verhielt, geht aus einem Brief des englischen Unterhändlers Faucitt an seine Auftraggeber in London vom 7. Februar 1777 hervor:

---

9 Der Herzog befand sich mit Franziska von Hohenheim vom 23. 1. bis 4. 5. 1776 auf einer Reise nach Frankreich und England.

2. Württembergische Zustände unter Karl Eugen

»Ich wurde [...] dem Herzoge am Tage meiner Ankunft von Anspach [...] vorgestellt. Er versprach mir sofort, dem Könige die 3000 Mann zur festgesetzten Zeit zu liefern; die Minister versicherten aber, daß dieses Versprechen sich unmöglich erfüllen lasse. Ich bedaure, daß meine Verhandlungen an diesem Hofe voraussichtlich zu Nichts führen werden. Der Herzog ist nicht im Stande, ein Drittel der in Aussicht gestellten Truppen zu liefern. Sein Kredit und seine Finanzen sind bei einer so niedrigen Ebbe angekommen, daß er, selbst wenn er die Truppen auszuheben vermag, unmöglich gute Waffen und Uniformen anschaffen kann, um sie für's Feld auszurüsten. Seit ich in Deutschland bin, habe ich schon viel von des Herzogs ruinirten Verhältnissen gehört; ich finde jetzt die weitgehendsten Schilderungen bestätigt, namentlich aber sind seine Mittel so erschöpft, daß er gar nicht an die Ausrüstung eines Korps für Amerika denken kann.«

Zitiert nach: Friedrich Kapp: Der Soldatenhandel deutscher Fürsten nach Amerika. Berlin: Springer, ²1874. S. 100 f.

Bald wurde in Deutschland unterm Volk dieses Lied gesungen:

> Juchheisa nach Amerika,
> Dir Deutschland gute Nacht!
> Ihr Hessen präsentirt's Gewehr,
> Der Landgraf kommt zur Wacht.
>
> Ade, Herr Landgraf Friederich,
> Du zahlst uns Schnaps und Bier!
> Schießt Arme man und Bein uns ab,
> So zahlt sie England Dir.
>
> Ihr lausigen Rebellen ihr,
> Gebt vor uns Hessen Acht!
> Juchheisa, nach Amerika,
> Dir Deutschland gute Nacht!

Deutscher Liederhort. Hrsg. von Ludwig Erk und Franz M. Böhme. Bd. 2. Leipzig: Breitkopf & Härtel, 1893. S. 144.

Wie an fast allen absolutistischen Fürstenhöfen hatte auch in Stuttgart das Mätressenwesen seinen Platz. Favoritin des

Herzogs war seit 1767 die Venezianerin Katharina Bonafini. Sie wurde jedoch 1771 durch Franziska von Leutrum in der Gunst des Herzogs verdrängt. Aus dem Tagebuch des herzoglichen Generaladjutanten Freiherrn von Buwinghausen-Wallmerode läßt sich dieser Wechsel der Gunst rekonstruieren:

»Den 10. May. 1770. Solitüde. [...] Die Mademoiselle Bonafini gehet heute nach Ludwigsburg ab, indeme ihre Niederkunfft sehr nahe ist. [...]
Den 17. May. 1770. Solitüde. [...] Nachts um 1 Uhr bekamen der Herzog durch einen Feldjäger die Nachricht, daß die Mslle. Bonafini gebähren wolle. Sie stunden desswegen sogleich auf und fuhren gantz allein nach Ludwigsburg, von woher Sie
den 18. May. morgens um ½ 7 Uhr zurück kamen und die Nachricht brachten, dass die Mslle. Bonafini morgens um 4 Uhr einen Sohn gebohren habe. [...]
Den 20. May 1770. Ludwigsburg. Wurde das Kind von der Mslle. Bonafini getauft [...] und wurde Ihme der Nahme ›Carl‹ gegeben. Bey dem gantzen Tauf-Actu waren der Herzog Selbsten zugegen. [...]
Den 12. Jul. 1771. Solitüde. Nachm. fuhr ich mit dem Herzog auf den Garbenhof, welchen der Herzog in Augenschein nahmen, um solchen, nebst dem Hauss, in guten Stand zu stellen, und sodann der Mslle. Bonafini zu schencken. [...]
Den 15. Dez. 1771. Winnenden. [...] Heute heurathete der ehemals unter dem Leibcorps gestandene Rittmeister und Cammerjunker v. Poeltzig die Mademoiselle Bonafini. Sie wurden in Hofen copulirt und retournirten sodann nach Ludwigsburg wieder zurück.
Den 19. Mart. 1772. Solitüde. Giengen der Herzog mit der Frau v. Leutrum und General v. Stain auf die Solitüde, von wo aus Sie auch auf den ›Hohenheimer‹- oder sogenannten ›Garben‹-Hof giengen, – welchen Sie der Frau v. Leutrum geschenckt haben [...].«

> Tagebuch des Herzoglich Württembergischen Generaladjutanten Freiherrn von Buwinghausen-Wallmerode über die ›Land-Reisen‹ des Herzogs Karl Eugen von Württemberg in der Zeit von 1767 bis 1773. Hrsg. von Freiherr Ernst von Ziegesar. Stuttgart 1911.

2. Württembergische Zustände unter Karl Eugen

Nach dem Tode der Herzogin Friederike von Württemberg im April 1780 war Franziska von Leutrum (1748–1811), seit 1774 auf Karl Eugens Betreiben Reichsgräfin von Hohenheim, die offizielle Gefährtin des Herzogs, da eine Heirat mit der geschiedenen Protestantin zunächst nicht möglich war.

Franziska von H o h e n h e i m diente Schiller als Vorbild für Lady Milford, vor allem was ihren positiven Einfluß auf den Herzog anbelangt. Anläßlich ihres Geburtstages am 10. Januar 1780 mußte er als Zögling der herzoglichen Militärakademie eine Rede halten, deren Thema der Herzog selbst ausgesucht hatte. Über die Geburtstagsfeierlichkeiten notierte Franziska in ihrem Tagebuch:

»Stuttgardt d. 10. Jan. 1780 Montag. Heide als an meinem glicklich Erlebdem Geburtztag, wo for ich Gott mer Dank schuldig bin, als ich Ihm auf dieser Weld Brengen kan, Erwachte ich etwas Belder, als man wekde, überdachde die Gnate Gottes u. Empfahl mich wieder aufs neihe in Seinen almechtigen Schutz; dan wurde gewekd, ich lag auf ein mahl in einem andern Ausgetzierden Bet, das Frie stück wahr auch in andern Gefessen gebracht, da wahr es 4. uhr. Ihro Durchleicht stonden Bald auf, ich las noch wie geweniglich u. um die 7. uhr solde ich auch aufstehen; ich stond mit zidernden Fiesen u. mit Angst auf den heidigen Tag auf. Wie ich in mein Zemer Kam, wahren alle Kesten henaus u. es stond eine Manifiege Toalette[10]. u. an der seite die Wahrheidt vorstellend, die mir einen Brief über gab von Ihro Durchleicht, der mich Inigst freide. Es geng dan die andere Dier von meinen Zemern auf, wo alles schemmerte, u. ein gantzes Süberbes Sielbernes Servies[11] under einem Tempel aufgesteldt stond. 15 Von die Junge leide[a] in der academie haben die Girrlanden, die angemachtwahren, gehalden, wordurch ich gehen muste; [...] ich war gantz beteibt von aller der Gnadt Ihro Durchleicht u. konde Ihnen kein word von den rierungen meines Hertzens sagen. Ich zog mich an, um 9. uhr wahr der gantze Hof versameld,

---
[a] So werden von Franziska stets die Schüler der Akademie bezeichnet.
10 magnifique Toilette: prachtvoller Schmink- und Frisiertisch mit Spiegeln.
11 superbes silbernes Service: kostbares Silbergeschirr.

ich erstaunde über die menge u. über den staat, mein Hertz Klopfde sterger, ich sahe im schloß hof wahren 29 Wegen rachirt[12], mit der schensten Equipach u. Pferde; es wurde dan eingesesen [...]. Ihro Durchlaucht u. der gantze Hof blieb einige Zeidt darbey [bei einer Armenspeisung nach dem Kirchgang] u. dan geng es zu dem Essen von der academie, wo zu vor noch von dem Elev. Schieller eine Rede im Examinacions Sahl[b] gehalden wurde beim rachiren u. beim Essen von der academie wahren aller Orden auch noch Sachen vor mich angebracht. Wie dieses vorbey wahr, geng man durch den cabinets gang[c] von Ihro Durchlaucht in das Schloß zur Tafel, welche in 74 Couvers[13] bestand. Nach der Tafel retirierde sich Alles u. es geng in die Opera Didone[d], wo auf die letzt noch was besonders vor mich gemacht wahr[e], nach diesem zur Tafel, die 90 Couvers wahr; nach der Tafel wahr noch redute[14], wovon es dan her nach Bald zu Bet geng.

Der Gantze Tag geng also von einer Gnad zu der andern von Ihro Durchlaucht vorüber u. ich wahr fiel zu foll, um Ihnen nur den vierten Teil von meiner Empfendong zu sagen, wahr auch noch durch den schnupen so geplagt, daß ich fast nicht schnaufen konnte, und damit trette ich non mein 33.tes Jahr an. Gott verleihe, daß ich darinen umkehre u. mich gantz bessere u. er leite mich nach seinem rat u. wohlgefallen auf dem weg des glaubens u. der Tugend.«

> Tagebuch der Gräfin Franziska von Hohenheim, späteren Herzogin von Württemberg. Hrsg. von A. Osterberg. Stuttgart 1913. S. 14 bis 16.

[b] Der Saal unter der Akademiekirche im Erdgeschoß des Mittelgebäudes.
[c] Verbindungsgang von der Akademie ins neue Schloß [in Stuttgart. Die Akademie befand sich dort seit 18. 11. 1776].
[d] Didone abbandonata von Niccolo Jommelli, Text von Pietro Metastasio. [Vgl. Anm. zu 53,30.]
[e] Es war ein allegorisches Singspiel, »Das Geschenk der Götter«, das sich an die Oper anschloß; Musik von Gauß und Eleven der Akademie; ein Huldigungshymnus auf Franziska, deren Bild unter dem Charakter der Tugend erscheint.
12 wahrscheinlich von ›rangieren‹ = auffahren, aufstellen.
13 Gedecke.
14 redoute: Ball, festlicher Tanz. Vgl. Anm. zu 55,12.

Karl Eugen und Franziska von Hohenheim (1787). Zeichnung des Karlsschülers Johann Friedrich Knisel (›Herzog Karl Eugen von Württemberg und seine Zeit‹, hrsg. vom Württembergischen Geschichts- und Altertums-Verein, Bd. 1, Eßlingen 1907, S. 91)

Auch die Intrigen, durch die der Präsident seinen Vorgänger zu Fall gebracht hat, bezogen sich auf Verhältnisse am württembergischen Hof. Oberst Philipp Friedrich von Rieger (1722–82), Günstling des Herzogs und willfähriger Organisator brutaler Soldatenaushebungen im Siebenjährigen Krieg, wurde 1762 durch den im ganzen Land verhaßten Minister Samuel Friedrich Graf Montmartin (1712–78) mittels gefälschter Briefe als Hochverräter eingekerkert.
Anläßlich des Todes von Rieger verfaßte Schiller Mitte Mai 1782 auf Bestellung der württembergischen Generalität ein von Lob überfließendes Trauergedicht, in dem er auch auf diese Intrigen anspielt:

Todenfeyer am Grabe
Philipp Friderich von Riegers

[...]
Krieger KARLS! erlaubt mir hier zu halten,
Tretet her ihr lorbeervollen Alten!
(Das Gewissen brenne flammenroth)
Dumpfig hohl aus Eures Riegers Bahre,
Spricht zu Euch, ihr Söhne vieler Jahre,
Spricht zu Euch – der Tod:

»Erdengötter! – glaubt ihr ungerochen
Mit der Gröse kindischkleinen Stolz,
(Alles faßt der schmale Raum von Holz)
Gegen mich zu pochen?
Hilft Euch des Monarchen Gunst
Die oft nur am Rittersterne funkelt,
Hilft des Höflings Schlangenkunst,
Wenn sich brechend euer Aug verdunkelt?
Erdengötter redet doch,
Wenn der Götterdunst zerstiebet,
Redet denn, was wärt ihr noch
Wenn ihr – schlechte Menschen bliebet?

Trozt ihr mir mit euren stolzen Ahnen,
Daß von euch – zwei Tropfen Blut
In den Adern alter Helden rannen?
Pocht ihr auf geerbtes Gut?
Wird man dort nach Riegers Range fragen?

2. Württembergische Zustände unter Karl Eugen

>   Folgt Ihm wol KARLS Gnade biß dahin?
> Wird er höher von dem Ritterkreuz getragen,
>   Als vom Jubel Seiner Seegnenden?
> Wann der Richter in dem Schuldbuch blättert,
>   Fragt er, ob der grose Todte hier
> Zu dem Tempel des Triumphs geklettert?
>   Fragt man dort, wie man Ihn hier vergöttert?
> Richtet GOtt – wie wir?«

NA I,38 f.

IV. Dokumente zur Entstehung

1. Erste Gedanken und Entwürfe

Über den mutmaßlich ersten Plan zu dem Stück liegt ein kurzer Bericht von Schillers Schwägerin Caroline von Wolzogen (1763–1847) vor:

»Zur zweiten Vorstellung der Räuber[1], im Mai 1782, wagte er [Schiller] wiederum eine heimliche Reise; um sie ausführen zu können, ließ er sich als krank angeben; sie wurde entdeckt, und natürlich militärisch mit Arrest bestraft.[2] Während dieses Arrestes war es, wo er den Plan zu Cabale und Liebe entwarf; und so erklären sich leicht die etwas grellen Situationen und Farben dieses Stückes.«

[Wolzogen:] Schillers Leben. T. 1. Stuttgart/Tübingen: Cotta, 1830. S. 48.

Da sich nach diesem Arrest das Verhältnis zu Herzog Karl Eugen weiter verschlechterte und dieser das über Schiller verhängte Publikationsverbot nicht aufhob, floh Schiller am 22. September 1782 mit seinem Freund, dem Musiker Andreas Streicher (1761–1833), unter dem Namen Dr. Ritter von Stuttgart nach Mannheim. Aus Streichers Buch »Schillers Flucht« (1836) wissen wir über die folgenden Monate recht gut Bescheid. In Mannheim kam es nicht zu der von Schiller erhofften Anstellung am dortigen Theater als Theaterdichter, auch sein neuestes Stück, »Die Verschwörung des Fiesco zu Genua«, wurde sehr kühl aufgenommen; zudem mußte man die Auslieferung des Regimentsmedikus Schiller als Deserteur nach Stuttgart befürchten.

So machten sich Schiller und Streicher zu Fuß nach Frankfurt auf (3.–5. Oktober). Streicher schreibt über die Reise, indem er an seine Beobachtung anknüpft, daß Schiller »keine Ruhe früher genoß, als bis er das Gedachte, Empfundene dargestellt hatte«:

»Ebenso beschäftigte er sich während der Fußreise, die wir von Mannheim nach Frankfurt machen mußten, trotz des

---

1 Diese Vorstellung hat nicht stattgefunden.
2 am 28. 6. 1782 für 14 Tage.

1. Erste Gedanken und Entwürfe

Verdrusses über die fehlgeschlagenen Hoffnungen unablässig mit dem Plane eines neuen Trauerspiels ›Luise Millerin‹, und kaum konnte die herrliche Bergstraße sowie die damals noch vorhandenen Ruinen seine Gedanken auf einige Augenblicke ableiten. Selbst in Frankfurt, wo die gegenwärtige Verlegenheit sowie die finstere Zukunft alles Denken und Empfinden in Anspruch nahm, dichtete und arbeitete er doch immerfort [...].«

> Das unbekannte Schlußkapitel von Andreas Streichers Schillerbuch, mitgeteilt von Reinhard Buchwald. In: Festschrift für Eduard Castle. Wien: Notring der Wissenschaftlichen Verbände Österreichs, 1955. S. 151.

Über Schillers Arbeit in Frankfurt notiert S t r e i c h e r :

»Zu Haus angelangt, überließ sich Schiller aufs neue seinen dichterischen Eingebungen und brachte den Nachmittag und Abend im Auf- und Niedergehen oder im Schreiben einiger Zeilen hin. Zum Sprechen gelangte er erst nach dem Abendessen, wo er dann auch seinem Gefährten erklärte, was für eine Arbeit ihn jetzt beschäftige.
Da man allgemein glaubt, daß bei dem Empfangen und An-das-Licht-Bringen der Geisteskinder gute oder schlimme Umstände ebenso vielen Einfluß wie bei den leiblichen äußern, so sei dem Leser schon jetzt vertraut, daß Schiller seit der Abreise von Mannheim mit der Idee umging, ein bürgerliches Trauerspiel zu dichten, und er schon so weit im Plan desselben vorgerückt war, daß die Hauptmomente hell und bestimmt vor seinem Geiste standen.
Dieses Trauerspiel, das wir jetzt unter dem Namen Kabale und Liebe kennen, welches aber ursprünglich Luise Millerin hätte benannt werden sollen, wollte er mehr als einen Versuch unternehmen, ob er sich auch in die bürgerliche Sphäre herablassen könne, als daß er sich öfters oder gar für immer dieser Gattung hätte widmen wollen. Er dachte so eifrig darüber nach, daß in den nächsten vierzehn Tagen schon ein bedeutender Teil der Auftritte niedergeschrieben war.«

> Andreas Streicher: Schillers Flucht von Stuttgart und Aufenthalt in Mannheim von 1782 bis 1785. Hrsg. von Paul Raabe. Stuttgart: Reclam, 1968. (Universal-Bibliothek. 4652 [3].) S. 94.

Doch auch in Frankfurt konnten Schiller und Streicher nicht lange bleiben, da Schillers finanzielle Lage aussichtslos war. Auf Anraten des Mannheimer Theaterregisseurs Christian Dietrich Meyer reisten sie nach Oggersheim bei Worms, wo sie am 13. Oktober 1782 ankamen. Dort, im Gasthaus »Zum Viehhof«, arbeitete Schiller bis zum 30. November sowohl an der neuen Fassung des »Fiesco« als auch an seinem neuen Stück »Louise Millerin«. Über die Arbeit schreibt S t r e i c h e r :

»Gleich bei dem Entwurf desselben hatte er sich vorgenommen, die vorkommenden Charaktere den eigensten Persönlichkeiten der Mitglieder von der Mannheimer Bühne so anzupassen, daß jedes nicht nur in seinem gewöhnlichen Rollenfache sich bewegen, sondern auch ganz so wie im wirklichen Leben zeigen könne. Im voraus schon ergötzte er sich oft daran, wie Herr Beil den Musikus Miller so recht naiv-drollig darstellen werde und welche Wirkung solche komische Auftritte gegen die darauffolgenden tragischen auf die Zuschauer machen müßten. Da er die Werke Shakespeares nur gelesen, aber keines seiner Stücke hatte aufführen sehen, so konnte er auch noch nicht aus der Erfahrung wissen, wie viele Kunst von seiten des Darstellers dazu gehöre, um solchen Kontrasten das Scharfe, das Grelle zu benehmen, und wie klein die Anzahl derer im Publikum ist, welche die große Einsicht des Dichters oder die Selbstverleugnung des Schauspielers zu würdigen verstehen.
Er war so eifrig beschäftigt, alles das niederzuschreiben, was er jetzt darüber in Gedanken entworfen hatte, daß er während ganzer acht Tage nur auf Minuten das Zimmer verließ. Die langen Herbstabende wußte er für sein Nachdenken auf eine Art zu benützen, die demselben ebenso förderlich als für ihn angenehm war. Denn schon in Stuttgart ließ sich immer wahrnehmen, daß er durch Anhören trauriger oder lebhafter Musik außer sich selbst versetzt wurde, und daß es nichts weniger als viele Kunst erforderte, durch passendes Spiel auf dem Klavier alle Affekte in ihm aufzureizen. Nun mit einer Arbeit beschäftigt, welche das Gefühl auf die schmerzhafteste Art erschüttern sollte, konnte ihm nichts erwünschter sein, als in seiner Wohnung das Mittel zu besitzen, das seine Begeisterung unterhalten oder das Zuströmen von Gedanken erleichtern könne.

Er machte daher meistens schon bei dem Mittagstische mit
der bescheidensten Zutraulichkeit die Frage an S[treicher]:
›Werden Sie nicht heute abend wieder Klavier spielen?‹ –
Wenn nun die Dämmerung eintrat, wurde sein Wunsch
erfüllt, währenddem er im Zimmer, das oft bloß durch das
Mondlicht beleuchtet war, mehrere Stunden auf und ab
ging und nicht selten in unvernehmliche, begeisterte Laute
ausbrach.
Auf diese Art verflossen einige Wochen, bis er dazu gelangte, über die bei Fiesco zu treffenden Veränderungen
mit einigem Ernste nachzudenken; denn solang er sich von
den Hauptsachen seiner neuen Arbeit nicht loswinden
konnte, solange diese nicht entschieden vor ihm lagen, solang er die Anzahl der vorkommenden Personen und wie
sie verwendet werden sollten, nicht bestimmt hatte, war
auch keine innere Ruhe möglich.«

Streicher. S. 102 f.

2. Die Bauerbacher Fassungen

Da Schiller in Oggersheim vor möglichen Verfolgungen des
württembergischen Herzogs nicht sicher war, begab er sich
auf das bei Meiningen in Thüringen gelegene Gut Bauerbach, das ihm von Henriette v. Wolzogen, einer mütterlichen Freundin und Gönnerin, die er von Stuttgart her
kannte, als Zuflucht angeboten worden war.
Er kam dort am 7. Dezember 1782 nach siebentägiger Reise
an. In der Abgeschiedenheit von Bauerbach beendete er die
erste Fassung der »Louise Millerin«.

Schiller an den Meininger Hofbibliothekar Wilhelm Friedrich Hermann Reinwald (1737–1815), 17. Dezember 1782:

»Nach Verfluß von 12 oder 14 Tagen bringe ich ein *neues
Trauerspiel* zu Stande, davon ich Sie zum geheimen Richter
ernennen will.«

NA XXIII,57.

IV. Dokumente zur Entstehung

Schiller an Reinwald, 23. Dezember 1782:

»Mein Spaziergang nach Meiningen dörfte sich vermutlich bis nach den Feiertagen verzögern. Erstlich, weil ich gern ununterbrochen an meinem vorliegenden Stüke fortarbeiten möchte, biß es zu Ende ist, und dann zweitens weil ich nicht mit Equipage genug versehen bin, um mich sonntäglich in der Stadt zu produciren.
Sie werden mir einen Dienst erzeigen, wenn Sie mir die Romeo u[nd] Juliette mit dem bäldisten verschaffen, weil ich etwas daraus zu meinem S[tück] zu schlagen gedenke.«

NA XXIII,57 f.

Schiller an Streicher, 14. Januar 1783:

»Mein neues Trauerspiel ›Louise Millerin‹ genannt, ist fertig.[3]«

NA XXIII,63.

Schiller an Reinwald, 29. Januar 1783:

»Meine L[ouise] Millerin geht mir im Kopf herum. Sie glauben nicht, was es mich Zwang kostet, mich in eine andre Dichtart hineinzuarbeiten.«

NA XXIII,63.

Schiller an Reinwald, 14. Februar 1783:

»Heute, mein Lieber, werden Sie mit allerley Aufträgen heimgesucht. [...]
Zum *Vierten* (lachen Sie mich nicht aus) schenken Sie mir doch etwas Dinte, oder weisen Sie die Judith an, wo man gute bekommt. Doch will ich sie lieber von einem Gelehrten als von einem Schulmeister. [...]
Zum *Sechsten* [schicken Sie mir] ein Buch recht gutes Schreibpapier, meine ›Louise Millerin‹ darauf abzuschreiben. Das holländische stumpft mir die Federn so ab.«

NA XXIII,65 f.

---

3 Schiller spricht während der Arbeit an dem Stück mehrfach von Beendigung. Es handelt sich wahrscheinlich jeweils um vorläufige Fertigstellungen des Manuskripts.

2. Die Bauerbacher Fassungen

Mitte März 1783 wandte sich der Mannheimer Theaterintendant Heribert von Dalberg wieder an Schiller und zeigte Interesse an »Louise Millerin«. Schiller ging auf Dalbergs Angebot ein und begann mit der Fertigstellung bzw. Umarbeitung des Stücks (vgl. Kap. II,1).

Schiller an Henriette von Wolzogen, 27. März 1783:

»Die Mannheimer verfolgen mich mit Anträgen um mein neues ungedruktes Stük, und Dalberg hat mir auf eine verbindliche Art über seine Untreue Entschuldigung gethan.«

NA XXIII,73.

Schiller an Reinwald, 27. März 1783:

»Ob ich mit Dalberg zu Rande kommen kann, zweifle ich. Ich kenne ihn ziemlich, und meine Louise Millerin hat zerschiedene Eigenschaften an sich, welche auf dem Theater nicht wol passieren. Z[um] e[xempel] die gothische[4] Vermischung von komischem und tragischem, die allzu freie Darstellung einiger mächtigen Narrenarten, und die zerstreuende Mannichfaltigkeit des Details. Eröfnen Sie mir Ihre Meinung darüber.«

NA XXIII,74.

Schiller an Dalberg, 3. April 1783:

»Eure Exzellenz verzeihen daß Sie meine Antwort auf Ihre gnädige Zuschrift erst so spät erhalten. [...]
E. E. scheinen, ungeachtet meines kürzlich mislungenen Versuchs noch einiges Zutrauen zu meiner Dramatischen Feder zu haben. Ich wünschte nichts, als solches zu verdienen, weil ich mich aber der Gefar, Ihre Erwartung zu hintergehen, nicht neuerdings aussezen möchte, so nehme ich mir die Freiheit, Ihnen einiges von dem Stüke vorauszusagen.
Außer der Vielfältigkeit der Karaktere und der Verwiklung der Handlung, der vielleicht allzufreyen Satyre, und Verspottung einer vornehmen *Narren-* und *Schurkenart* hat dieses Trauerspiel auch diesen Mangel, daß komisches mit tragischem, Laune mit Schreken wechselt, und, ob schon die

---

[4] im 18. Jahrhundert abschätzig im Sinne von ›mittelalterlich‹.

Entwiklung tragisch genug ist, doch einige lustige Karaktere und Situationen hervorragen. Wenn diese Fehler, die ich EE. mit Absicht vorhersage, für die Bühne nichts anstößiges haben so glaube ich daß Sie mit dem übrigen zufrieden seyn werden. Fallen sie aber bei der Vorstellung zu sehr auf, so wird alles übrige, wenn es auch noch so vortreflich wäre, für Ihren Endzwek unbrauchbar seyn, und ich werde es beßer zurükbehalten. Dieses überlaße ich nun dem Urtheil EE. Meine Kritik würde zuviel von meiner Laune und Eigenliebe partizipieren.«

NA XXIII,76 f.

Schiller an Reinwald, Mitte April 1783:

»Dalberg schreibt mir ich möcht ihm mein Stük ohne Verzug schiken. Ich hab ihm viele Fehler davon geschrieben, damit er sehen solte wie wenig ich mich ihm aufdringen will. Er schreibt daß es Tugenden für die Bühne wären. Karlos[5] bleibt also liegen biß L[ouise] M[illerin] fertig ist.«

NA XXIII,82.

Schiller an Reinwald, 24. April 1783:

»Der Grund, warum wir uns schon so lange vermißten, ist in Warheit kein anderer, als meine Eilfertigkeit in der L[ouise] Millerin. Ich hätte sie endlich gerne aus dem Kopf, um mich gänzlich in meinen Karlos versenken zu können, Herrn v. Dalberg, der mich preßiert, zu befriedigen, und zugleich Ihnen solche kommunizieren zu können. In ohngefähr 8 Tagen wird sie großentheils fertig seyn, dann hätte ich eine Bitte an Sie, Freund, und den Hofprediger[6], welche ist, daß Sie mir einen Tag schenken und zu mir hieherkommen. Ich mus die Minuten zälen um fertig zu werden, sonst würd ich Sie der Mühe überheben – Dißmal geben Sie also *mir* nach, ein andermal ist die Reihe an mir. Wir eßen in Bauerb[ach] zu Mittag, ich traktiere Sie mit Hünern, und, daß Sie Sich verwundern sollen.

Also ich rechne darauf. in höchstens 8 Tagen seh ich Sie

---

5 Schiller plante damals schon den »Don Carlos«.
6 Johann Georg Pfranger (1745–90), Hofprediger in Meiningen, literarisch interessiert, schrieb u. a. eine Fortsetzung von Lessings »Nathan der Weise«.

2. Die Bauerbacher Fassungen

beide hier. Mein[e] L[ouise] Millerin wird dann fertig seyn, und *Sie* lesen Sie uns vor. Der Mann eilt. Nächstens mehr von Ihrem treuen

Ritter

pp. Meine Louise Millerin hab ich sehr verändert. Das ist etwas verhaßtes schon gemachte Sachen zernichten zu müssen.«

NA XXIII,84 f.

Schiller an Reinwald, 3. Mai 1783:

»Meine L[ouise] M[illerin] jagt mich schon u[m] 5 Uhr aus dem Bette. Da siz ich, spize Federn, und käue Gedanken. Es ist gewis und wahrhaftig, daß der Zwang dem Geist alle Flügel abschneidet. So ängstlich für das Theater – so hastig weil ich pressiert bin, und doch ohne Tadel zu schreiben ist eine Kunst. Doch gewinnt meine Millerin – das fül ich. Vor Veränderungen beben Sie nicht mehr. Meine *Lady* interessiert mich fast so sehr, als meine Dulzinea[7] in Stuttgardt, – aber davon weg. Wir beide leben jezt in einem Verhältniß zu einander, als wenn wir uns kasteyten, oder wie 2 Eheleute die ein Gelübde gethan, nicht bey einander zu schlafen. Ist mein[e] L[ouise] M[illerin] erst fertig, mein Karlos soll mich niemals abhalten, zu Ihnen zu fliegen.«

NA XXIII,85.

Schiller an Reinwald, 11. Mai 1783:

»Über Louisen Millerin schreibe ich Ihnen mit Nächstem, und werde Sie recht sehr bitten, Zweifel die ich Ihnen vorlege und Anfragen nach aller kritischen Schärfe zu entscheiden.«

NA XXIII,87.

Schiller an Reinwald, 22. Mai 1783:

»Meine Louise Millerin blieb liegen, und mit dieser müssen auch Sie mein Guter *ein* Schiksal theilen. Wärmer kehre ich zu Ihnen, wie zu dieser, zurük.«

NA XXIII,87.

7 Freundin, Geliebte, nach der Geliebten Don Quijotes. Möglicherweise Anspielung auf die Hauptmannswitwe Luise Fischer, in deren Haus in Stuttgart Schiller gewohnt hat.

Schiller an Reinwald, 14. Juni 1783:

»Meine Louise Millerin mus ich Ihnen im Original mitgeben, denn schwerlich wird soviel Zeit übrig seyn, daß man sie abschreiben laßen kann. Mehr als 2 oder 3 Akte bekommen Sie schwerlich mit. Aber ich will Ihnen die übrigen nach Gotha nachschiken, wenn ich erst einen Brief von Ihnen werde bekomen haben, ob die erstern Appetit gemacht haben. Gott dem Allmächtigen will ich danken, wenn ich fertig bin. Ganze 14 Tage ist kaum was daran gethan worden, weil ich immer schwankte, und meine streitenden Gedanken nicht zu vereinigen wußte. Sondieren Sie doch Wielanden[8] wegen dem bestmöglichsten Verkauf von dergleichen Schriften. Sehr gerne möchte ich sie bald druken laßen, denn ich brauche Geld, und wünschte zugleich meinen Namen dadurch etwas mehr auszubreiten –«

NA XXIII,95.

Schiller an Reinwald, 10. Juli 1783:

»Ein Vorfall, den wir beide nicht voraussehen konnten, bringt Sie um meine L[ouise] Millerin. Ich gehe in längstens 12 Tagen von hier [...].

NA XXIII,97.

Schiller setzte noch einmal seine Hoffnung darauf, von Dalberg als Theaterdichter in Mannheim angestellt zu werden, und reiste am 24. Juli 1783 aus Bauerbach ab.

3. Die Druckfassung und die Mannheimer Theaterbearbeitungen

Am 10. August kam Schiller in Mannheim an. Bereits am Tag darauf berichtete er:

Schiller an Henriette von Wolzogen, 11. August 1783:

»Morgen (Mittwoch am 13.)[9] wird meine Louise Millerin in groser Gesellschaft, wobei Dalberg den Vorsiz hat, vorge-

---

8 Christoph Martin Wieland (1733–1813), Dichter und Herausgeber der Zeitschrift »Teutscher Merkur«.
9 Möglicherweise wurde der Brief am 11. August begonnen und am 12. beendet.

3. Druckfassung, Mannheimer Theaterbearbeitungen

lesen, und dann wird sichs entscheiden, ob sie hier vorgestellt wird. Dalberg versprach, mir zu Gefallen meine Räuber und einige grose Stüke spielen zu laßen, um die Stärke der Schauspieler daraus zu beurtheilen, und mich in Feuer zu sezen. Meine Räuber solten mich freuen.
An Schwan[10] habe ich mich am meisten attaschiert[11], und Sie meine theuerste, schäzen ihn ja auch. Ihm allein habe ich meine Millerin vorgelesen, und er ist äuserst damit zufrieden.«

NA XXIII, 105 f.

Erst im Herbst schloß er dann den so wichtigen Vertrag mit Dalberg.

Schiller an Henriette von Wolzogen, 11. September 1783:

»Ich entschied also für die Anerbietungen Dalbergs und vor ohngefehr 3 Wochen, wo ich bei ihm an Tafel wurden wir richtig. Ich bleibe biß auf den May 1784. hier, und folgende Punkte sind unter uns festgesezt.
1. Bekommt das Theater von mir 3 neue Stüke – den Fiesco – meine Louise Millerin – und noch ein drittes, das ich innerhalb meiner Vertragzeit noch machen mus.
2. Der Contract dauert eigentlich ein Jahr, nemlich vom 1. September dieses Jahrs biß zum lezten August des nächsten; ich habe aber die Erlaubniß herausbedungen die heißeste Sommerzeit wegen meiner Gesundheit anderswo zuzubringen.
3. Ich erhalte für dieses eine fixe Pension von 300 fl., wovon mir schon 200 ausbezalt sind, – Außerdem bekomme ich von *jedem Stük* das ich auf die Bühne bringe die ganze Einnahme einer Vorstellung die ich selbst bestimmen kann, und welche nach Verhältniß 100- biß 300 fl. betragen kann – Dann gehört das Stük dennoch mein und ich kann es nach Gefallen, wohin ich will, verkaufen und druken laßen. Nach diesem Anschlag habe ich bis zu Ende Augusts 1784 die unfehlbare Aussicht auf 12- biß 1400 Gulden, wovon ich doch 4 biß 500 auf Tilgung meiner Schulden verwenden kann.«

NA XXIII, 109 f.

10 Christian Friedrich Schwan (1733–1815), Verleger und Buchhändler in Mannheim.
11 angeschlossen.

Über die Arbeit an dem Stück in Mannheim liegen zwei zusammenfassende Berichte vor. Louise Pistorius geb. Schwan schreibt später darüber an Schillers jüngste Tochter, Emilie von Gleichen-Rußwurm (1804–72):

»Zu der Zeit, als Schiller in Mannheim lebte, waren dort 3 Schauspieler, die damals für die vorzüglichsten in Deutschland galten und in genauem Verhältniß mit Schillern standen. Es war Iffland, Beck und Beil. [...]
Beck war ein schöner und sehr interessanter junger Mann, blond, groß und schlank. Er verliebte sich in die Tochter des Hofkammerrath Ziegler, Caroline, die ebenso schön und ebenso blond als er, seine Neigung erwiederte und eine entschiedene Vorliebe für das Theater hatte, dem sie sich widmen und mit Beck verheirathen wollte. Dieß gab nun einen gewaltigen Lärm. War es schon arg genug in den Augen des Publikums, daß meine Schwester sich in einen Theaterdichter verliebt hatte, so mußte man nun gar erleben, daß ein katholisches Mädchen sich in einen protestantischen Schauspieler verliebte und die zu damaliger Zeit noch excommunicirt waren, – und daß sie gar selbst Schauspielerin werden wolle. Die Pfaffen thaten ihr möglichstes, die Liebenden ihrerseits auch. Während diesen Debatten schrieb Schiller die Rolle der Louise ganz nach ihr, dieser Caroline, und für sie. Er copirte sie eigentlich sammt ihren Vergißmeinnichtsaugen, – sowie auch der Musikus Miller eine frappante Copie von Beil war, weßhalb dieser auch die Rolle so vorzüglich spielte, da er eigentlich zu diesem Character gesessen war. Schiller hatte damals das dreitägige Fieber, kam aber immer zwei Abende dazwischen zu meinem Vater und las ihm vor, was wieder entstanden war, oder ließ es meine Schwester vorlesen; den dritten Abend, wo das Fieber kam, schickte er die Aushängebogen[12], auch nicht selten bekam er das Fieber bei uns. Du kannst Dir denken, wie interessant es war, Kabale und Liebe so nach und nach entstehen zu sehen; aber mein Vater bekam oft Händel mit Schillern, und nannte ihn einen Schinder, einen Folterknecht etc.«

Briefe an Schiller. Hrsg. von L. Urlichs. Stuttgart: Cotta, 1877. S. 31 f.

[12] die ersten Druckbogen des Stücks.

3. Druckfassung, Mannheimer Theaterbearbeitungen

Der österreichische Dichter und Publizist Constant W u r z -
b a c h v o n T a n n e n b e r g (1818–93) berichtet in seinem Schiller-Buch:

»Schiller hielt sich, als er eben seine Laufbahn als Schriftsteller begann, in Mannheim auf. Er hatte dort vielen Umgang mit den damaligen Schauspielern der Mannheimer Bühne, dem nachmaligen Hofschauspieler Müller in Wien, mit Iffland, Beck, Böck u. A. Besonders besuchte er oft Müller und brachte dort manchen Abend in der Gesellschaft der oben genannten Schauspieler und der Gattin Müller's zu; wenn die Andern sich aber entfernten, forderte er mehrmals noch Wein, Kaffee, Tinte und Papier und schrieb die Nacht hindurch mehrere Scenen zu seiner Tragödie: Kabale und Liebe. Müller fand ihn dann gewöhnlich des Morgens in seinem Zimmer auf einem Lehnsessel, in einer Art von Starrkrampf, so daß er ihn einmal wirklich für todt hielt. Die Gattin des Schauspielers Beck fragte ihn einst: ob ihm nicht die Gedanken ausgingen, wenn er so die ganze Nacht dichte? – ›Das ischt nit anders‹, antwortete Schiller, der damals noch ganz den breiten schwäbischen Dialekt sprach; ›aber schaun's wenn die Gedanken ausgehn, da mal' ich Rössel.‹ In seinen Manuscripten sind auch wirklich ganze Seiten, auf welchen er nichts als kleine Pferde und Männchen gekritzelt hat.«

Wurzbach von Tannenberg: Das Schiller-Buch.
Festgabe zur ersten Säcular-Feier von Schiller's
Geburt 1859. Wien [1859]. Marg. 2886. S. 290.

Mitte Januar 1784 ging das Stück in Druck und Schiller begann anschließend an der Theaterfassung (vgl. Kap. II,2) zu arbeiten.

Schiller an Wilhelm von Wolzogen (1762–1809), den ältesten Sohn Henriette von Wolzogens, der mit ihm auf der Karlsschule war; 18. Januar 1784:

»Wirklich drukt man an meiner Louise Millerin, welche in höchstens 4 Wochen zu haben seyn wird.«

NA XXIII,128.

Schiller an den Schauspieler Gustav Friedrich Wilhelm Großmann (1746–96), 8. Februar 1784:

»Gegenwärtig drukt Schwan ein neues Trauerspiel von mir, Louise Millerin, das in 4–5 Wochen die Preße verlaßen kann. Ich darf hoffen, daß es der teutschen Bühne keine unwillkommene Acquisition seyn werde, weil es durch die Einfachheit der Vorstellung, den wenigen Aufwand von Maschinerei und Statisten, und durch die leichte Faßlichkeit des Plans, für die Direction bequemer, und für das Publikum genießbarer ist als die Räuber und der Fiesko.«

NA XXIII,131 f.

»Endlich in der Mitte des Januars 1784 wurde das republikanische Schauspiel Fiesco aufgeführt [...].
Nach einigen Wochen Erholung begann er [Schiller] die Umarbeitung von Luise Millerin, bei welcher er wenig hinzuzufügen brauchte, wohl aber vieles ganz weglassen mußte. Schien ihm nun auch dieses ganze bürgerliche Trauerspiel ziemlich mangelhaft angelegt, so ließ sich doch an den Szenen, die den meisten Anteil zu erregen versprachen, nichts mehr ändern; sondern er mußte sich begnügen, die hohe Sprache herabzustimmen, hier einige Züge zu mildern und wieder andere ganz zu verwischen. Manche Auftritte, und zwar nicht die unbedeutendsten, gründen sich auf Sagen, die damals verbreitet waren, und deren Anführung viele Seiten ausfüllen würde. Der Dichter glaubte solche hier an den schicklichen Platz stellen zu sollen und gab sich nur Mühe, alles so einzukleiden, daß weder Ort noch Person leicht zu erraten waren, damit nicht üble Folgen für ihn daraus entstünden.«

Streicher. S. 144–146.

Am 13. April 1784 fand in Frankfurt die Uraufführung des Stücks unter dem Titel »Kabale und Liebe« (zur Änderung vgl. Kap. I, S. 4) statt; am 15. April 1784 die Erstaufführung in Mannheim.
Über die Mannheimer Auffführung berichtet S t r e i c h e r :

»Um der Auffführung recht ungestört beiwohnen zu können, hatte Schiller eine Loge bestanden und seinen Freund S[treicher] zu sich dahin eingeladen.

Handgeschriebener Theaterzettel der Mannheimer Erstaufführung (Kraft, ›Mannheimer Soufflierbuch‹)

Ruhig, heiter, aber in sich gekehrt und nur wenige Worte wechselnd, erwartete er das Aufrauschen des Vorhanges. Aber als nun die Handlung begann – wer vermöchte den tiefen, erwartenden Blick – das Spiel der unteren gegen die Oberlippe – das Zusammenziehen der Augenbrauen, wenn etwas nicht nach Wunsch gesprochen wurde – den Blitz der Augen, wenn auf Wirkung berechnete Stellen diese auch hervorbrachten – wer könnte dies beschreiben! – Während des ganzen ersten Aufzuges entschlüpfte ihm kein Wort, und nur bei dem Schlusse desselben wurde ein ›es geht gut‹ gehört.

Der zweite Akt wurde sehr lebhaft und vorzüglich der Schluß desselben mit so vielem Feuer und ergreifender Wahrheit dargestellt, daß, nachdem der Vorhang schon niedergelassen war, alle Zuschauer auf eine damals ganz ungewöhnliche Weise sich erhoben und in stürmisches, einmütiges Beifallrufen und Klatschen ausbrachen. Der Dichter wurde so sehr davon überrascht, daß er aufstand und sich gegen das Publikum verbeugte. In seinen Mienen, in der edlen, stolzen Haltung zeigte sich das Bewußtsein, sich selbst genuggetan zu haben, sowie die Zufriedenheit darüber, daß seine Verdienste anerkannt und mit Auszeichnung beehrt würden.«

Streicher. S. 147.

Zu Beginn des Jahres 1785 beschwerte sich Schiller bei Dalberg über den seiner Ansicht nach sorglosen Umgang einiger Schauspieler mit seinem Stück. Der ungewöhnlich scharfe Ton des Briefs kündigte bereits die Entfremdung Schillers vom Mannheimer Theater an.

Schiller an Dalberg, 19. Januar 1785:

»Es ist das erstemal, daß ich über die theatralische Vorstellung meines Stüks *eigentlich* meine Meinung sage, und auch jezt würde ich es aus tausend Ursachen *nicht* thun, wenn meine wahre Hochachtung für E. E. mir es nicht zur Pflicht machte, eh ich einen Schritt *öffentlich* thue, wenigstens mich offenherzig gegen *Sie* zu erklären.

Ich weiß nicht, welchem politischen Raffinement ich es eigentlich zuschreiben soll, daß unsere hiesigen Herren

3. Druckfassung, Mannheimer Theaterbearbeitungen

Schauspieler – doch meyn' ich nicht alle – die Konvenienz[13] bei sich getroffen haben, schlechten Dialog durch gutes Spiel zu erheben, und guten durch schlechtes zu verderben. Es ist das kleinste Merkmal der Achtung, das der Schauspieler dem Dichter geben kann, wenn er seinen Text *memoriert*. Auch diese kleine Zumutung ist *mir* nicht erfüllt worden. Es kann mir Stunden kosten, biß ich einem Perioden die bestmöglichste Rundung gebe, und wenn das geschehen ist, so bin ich dem Verdruße ausgesezt, daß der Schauspieler meinen mühsam vollendeten Dialog nicht einmal in gutes *Deutsch* verwandelt. Seit wie lang ist es Mode, daß Schauspieler den Dichter schulmeistern?

Gestern hab ich das mehr als sonsten gefühlt. Kabale und Liebe war durch das nachläßige Einstudieren der mehresten ganz in Lumpen zerrissen. Ich habe statt meines Texts nicht selten Unsinn anhören müssen. Wenn unsere Herrn Schauspieler einmal die Sprache in der Gewalt haben werden, dann ist es allenfalls auch Zeit, daß sie ihrer Bequemlichkeit mit Extemporieren[14] zu Hilfe kommen. Es thut mir leid, daß ich diese Anmerkung machen muß, noch mehr aber verdrüßt es mich, daß ich diese unangenehme Erscheinung nur auf Rechnung ihres guten Willens und nicht ihrer Kunst schreiben kann, daß eben diese Schauspieler, die in den mittelmäßigsten Stüken vortrefflich – ja groß gewesen sind, in den meinigen gewönlich unter sich selbst sinken. Wie erklär ich das?

Die Frauenzimmerrollen und Hn. Bek ausgenommen, dem ich es gerne vergebe, daß ihm die Rolle etwas fremder geworden ist, und der die Lüken seines Spiels durch einige meisterhafte Pinselstriche wieder gut machte, sind die mehresten anderen Rollen unerhört vernachläßigt worden. Mir selbst kann zwar an diesem Umstand sehr wenig liegen, denn ich glaube behaupten zu dürfen, daß biß jezt das Theater mehr durch meine Stüke gewonnen hat, als meine Stüke durch das Theater. Niemals werde ich mich in den Fall sezen, den Werth meiner Arbeit von diesem abhängig zu machen. Aber weil ich doch einmal von der hiesigen Bühne *öffentlich* sprechen soll, so konnte mir die Sache nicht gleichgültig bleiben.

13 Schicklichkeit, Angemessenheit.
14 Spiel aus dem Stegreif.

Es steht bei E. E. welchen Gebrauch Sie von meiner gegenwärtigen Erklärung machen wollen. Welchen Sie aber auch machen mögen, so bin ich entschloßen, in der Rheinischen Thalia weitläuftiger über diesen Punkt mich herauszulaßen. Ich glaube und hoffe, daß ein Dichter der 3 Stüke auf die Schaubühne brachte, worunter die *Räuber* sind, einiges Recht hat, Mangel an Achtung zu rügen.

R[at] Schiller.«

NA XXIII,172–174.

V. Dokumente zur Wirkungsgeschichte

1. Urteile unmittelbar nach Erscheinen des Stücks

Eine der ersten Rezensionen erschien in der »Gothaischen gelehrten Zeitung« vom 29. Mai 1784:

»Dieses ist das dritte Trauerspiel, womit Hr. Schiller, der sich jetzt als Theaterdichter bey der Manheimer Schauspielergesellschaft aufhält, die deutsche Bühne bereichert. Aus seinen zwey ersten Stücken, die Räuber und die Verschwörung des Fiesko zu Genua, kennt man bereits seine Manier, kennt ihn als Maler schrecklicher Scenen, und Schöpfer Shakespearscher Gedanken, und so findet man ihn auch hier. Zwar möchte vielleicht die Prädilection[1] einiger Leser für seine vorigen Stücke (es geht mit den Schriften öfters, wie mit der Liebe gegen Freunde und Mädchen, wo die erste ebenfalls die stärkste zu seyn pflegt,) dieses jenen etwas nachsetzen. Aber es hat wirklich herrliche Scenen, und die Charaktere sind vortrefflich durchgeführt. Sollte der Präsident und der Hofmarschall, jener zu abscheulich, und letzterer für ein Trauerspiel zu komisch scheinen, so erwäge man, daß die Charaktere auf der Schaubühne etwas übertrieben seyn müssen, und daß man, wie Leßing einmal sagte, auch im Trauerspiel lachen dürfe. Glücklicher Weise werden durch unsre neuen Original-Trauerspiele die sogenannten hohen Tragödien, worin die Helden auf Stelzen gehen, und in Sentenzen sprechen, bald ganz von unseren Bühnen verdrängt werden.[2]«

Julius W. Braun: Schiller und Goethe im Urtheile ihrer Zeitgenossen. Abt. 1: Schiller. Bd. 1. Leipzig: Schlicke, 1882. S. 71 f.

Karl Philipp M o r i t z (1756–93), Verfasser des Romans »Anton Reiser«, schrieb am 21. Juli 1784 in einer anonymen Notiz in der »Königlich privilegirten Berlinischen Staats- und gelehrten Zeitung«:

---

1 Vorliebe.
2 Vgl. dazu die Äußerungen Nicolais in Kap. VI.

»In Wahrheit wieder einmal ein Product, was unsern Zeiten
– Schande macht! Mit welcher Stirn kann ein Mensch doch
solchen Unsinn schreiben und drucken lassen, und wie muß
es in dessen Kopf und Herz aussehen, der solche Geburten
seines Geistes mit Wohlgefallen betrachten kann. – Doch
wir wollen nicht declamiren. Wer 167 Seiten voll ekelhafter Wiederholungen gotteslästerlicher Ausdrücke, wo ein
Geck um ein dummes affectirtes Mädchen mit der Vorsicht[3] rechtet, und voll crassen, pöbelhaften Witzes, oder
unverständlicher Galimathias[4], durchlesen kann und mag –
der prüfe selbst. So schreiben heißt Geschmack und gesunde
Kritik mit Füßen treten; und darin hat denn der Verfasser
diesmal sich selbst übertroffen. Aus einigen Scenen hätte
was werden können, aber alles was dieser Verfasser angreift, wird unter seinen Händen zu Schaum und Blase.«

Braun I,72.

Am 6. September 1784 präzisierte Moritz, dieses Mal
unter der Sigle M., in derselben Zeitung sein negatives Urteil über Schillers Stück. Diese sehr umfangreiche Rezension
besteht zu einem großen Teil aus zitierten Textstellen, die
zur Erhärtung des Urteils dienen sollen.

»*Noch etwas über das Schiller'sche Trauerspiel: Kabale und
Liebe.* Da ich höre, daß man hin und wieder mit meinem
Urtheil über *Kabale* und *Liebe* unzufrieden ist, so glaube
ich dem Publicum die Achtung schuldig zu sein, von dem,
was ich behauptet habe, den Beweis zu geben, welcher mir
denn eben nicht schwer fallen wird. Der Inhalt des Stückes
ist kurz dieser: ein Präsident will seinen Sohn an die Maitresse seines Fürsten verkuppeln, um dadurch seinen Einfluß
am Hofe zu erhalten. Das ist die *Kabale.* Der Sohn des
Präsidenten hat sich in eine Geigerstochter vergafft, das ist
die *Liebe.* Zuletzt vergiftet er sich zugleich mit dieser Geigerstochter, das ist denn die vollständige *Tragödie.* Der
Präsident ist ein Ungeheuer, vor dem die Menschheit zurückbebt [...]. Aber was sollen dergleichen Ungeheuer, wie
z. B. der abscheuliche Franz Moor in den *Räubern*, und
dieser Präsident auf dem Schauplatz? Da man überhaupt

3 göttlichen Vorsehung.
4 verworrenes Gerede, Geschwätz.

gar nicht erfährt, wie diese Menschen so geworden sind. Wozu nützt es denn, die Einbildungskraft mit solchen Bildern anzufüllen, wodurch wahrlich weder der Verstand noch das Herz gebessert wird? Doch wir gehen weiter. Der Geiger ist der Mahler im Hausvater[5], aber in der Schiller'schen Manier dargestellt, *der ihn im Zorn seiner Frau vor den Hintern stoßen,* und ihn im Affect, da sie sagt: *›der Herzog verlange ihn vielleicht in's Orchester‹,* antworten läßt: *›Orchester! – ja, wo Du Kupplerin den Diskant wirst heulen, und mein blauer Hinterer den Baß – Gott im Himmel!‹* – Es ist ekelhaft, in solchen Schiller'schen Wust zu wühlen, aber man muß sich nun einmal schon durcharbeiten. [...] So geht's denn alle Augenblick, wenn unmittelbar vorher vom *Hintern* und *Huren* und *dergleichen* saubern Sachen die Rede ist: *Gott im Himmel! Jesus Christus! Gott erbarme Dich! u.s.w.* und dann spricht dieser Mensch auf einmal wieder, als ob er aus den Romanen, die seine Tochter liest, zuweilen einen ganzen Perioden[6] aufgeschnappt hätte – so sagt er z. B. zu seiner Tochter, die ihm eine Stelle aus einem Roman vorgebetet hat: *›Theures – herrliches Kind – nimm meinen alten mürben Kopf – nimm alles – alles – u.s.w.‹* – Doch, ich hätte viel zu thun, wenn ich alle die Widersprüche und den Unsinn an den Schillerschen Charakteren herausheben wollte, er schwimmt schon auf der Oberfläche, ich darf ja nur abschöpfen. *Louise,* die Heldin des Stücks, ist die Tochter dieses saubern Paares, von denen sie freilich eine gar feine Erziehung muß genossen haben, und die dann ihr Liebhaber *durch Lectüre* gebildet hat. Die Reden und das Benehmen dieser Tochter machen dann einen sonderbaren Contrast mit den Reden und Betragen ihrer Eltern. [...] *›Er wird nicht wissen‹,* sagt sie zu ihrem Vater, *›daß Ferdinand mein ist, mir geschaffen, mir zur Freude vom Vater der Liebenden – als ich ihn das erstemal sah, froher jagten alle Pulse, jede Wallung sprach, jeder Athem lispelte: er ist's! u.s.w.‹* Wie rednerisch! Ist das Sprache des Herzens und der Natur? – Die lerne Herr Schiller erst von elenden zusammengestoppelten Phrasen und auswendig gelernter Büchersprache unterschei-

---

5 Vgl. Kap. III,1, auch für die weiteren angeführten literarischen Vorbilder.
6 Satzgefüge.

den und dann schreibe er Trauerspiele! – Und gegen dies Mädchen, das sich ihr Liebhaber Ferdinand selber so zugestutzt hat, wird derselbe nun für Liebe toll: Denn toll muß er seyn, sonst könnte er nicht zu ihr sagen: *Laß Hinternisse, wie Gebirge zwischen uns treten, ich will sie für Treppen nehmen, und darüber hin in Louisens Arme fliegen.* Welche Raserey! seit wann fliegt man denn über die Treppen? und wenn er doch einmal fliegen wollte, so dürfte er ja nur gleich über die Berge fliegen! – Herr Schiller will freilich auch fliegen, das merkt man an allem wohl, aber es geht ihm, wie jenem großen Vogel in Lessings Fabel, welcher laut ausrief: Schaut her, ich will fliegen, ja fliegen will ich! und dann mit ausgebreiteten Flügeln immer an der Erde hinschoß, die den Fuß berührte. – Der Ferdinand ist nun vollends ein unausstehlicher Mensch, der immer das Maul erschrecklich voll nimmt, und doch am Ende nur, wie ein Geck handelt. – Herr Schiller denkt wohl, es sei *erhaben*, und *stark* gesprochen, und *erschüttere* Mark und Bein, wenn er seinen Ferdinand zu Louisen sagen läßt: ›*Ich will frey wie ein Mann wählen, daß diese Insectenseelen am Riesenwerk meiner Liebe hinaufschwindeln! – Der Augenblick, der diese zwo Hände trennt, zerreißt den Faden zwischen mir und der Schöpfung! – Die Fußtapfe in wilden sandigten Wüsten ist mir interessanter, als das Münster in meiner Heimath;*‹ [...]. Sobald der Ferdinand anfängt vernünftiger zu reden, schmückt sich auch der Verfasser mit fremden Federn, und schreibt die ganze letzte schaudervolle Scene zwischen dem Othello und der Desdemona aus dem *Shakespear* aus, aber freylich auch in der Schiller'schen Manier: ›*sie soll daran!*‹ drückt sich z. B. Ferdinand auf gut henkermäßig aus. Das übrige alles, mit der *Lüge, womit sie nicht aus der Welt fahren soll,* und daß er noch *für ihre Seele Sorge trägt* u.s.w. ist fast wörtlich aus dem *Shakespear,* der sich sein ganzes Stück hindurch so viel Mühe giebt, es *wahrscheinlich* zu machen, daß Othello seine geliebte Desdemona aus Eifersucht ermordet, und diesen Stoff daher auch reich genug findet, um ein ganzes Stück davon zu schreiben. – Dergleichen ist aber bei den höheren Talenten des Hrn. Schiller nur Kleinigkeit, der alles durch ein paar Scenen zu bewirken weiß: denn erst gegen das Ende des Stücks fängt sich Ferdinands Eifersucht aus einer höchst

1. Urteile unmittelbar nach Erscheinen des Stücks

unwahrscheinlichen Ursach an, und schließt sich gleich mit der Vergiftung, wobey er denn so *einfältig* ist, sich selbst mit zu vergiften, da er doch seine theure Louise mit völliger Überzeugung für weiter nichts als eine *Metze* hält. Bey der Entdeckung ihrer Unschuld hätt' er es thun sollen, aber freylich muß Hr. Schiller dergleichen Sachen besser verstehen als Shakespear! [...] Die Geschichte der Milford hätte allein Stoff genug zu einem sehr interessanten Drama hergegeben, aber freilich ist es leichter, viele sonderbare, fürchterliche Geschichten zusammen zu häufen, als eine einzige mühsam auszuarbeiten. [...] Das Rechten mit der Gottheit, das im Moment des höchsten Schmerzes wirklich etwas fürchterlich Erhabenes und Pathetisches hat, wird unsinnig und abgeschmackt, wenn es so oft wiederholt wird, wie in diesem Stücke, wo es eine elende Zuflucht des Verfassers ist, der wenigstens durch das Gräßliche unser Gefühl betäuben will, da es ihm an der Kunst, das Herz zu rühren, gänzlich fehlt - so läßt er nun seinen Held bei jeder verliebten Grille, die er sich in den Kopf setzt, ausrufen: – – Doch bin endlich einmal müde, mehr Unsinn abzuschreiben. Blos der Unwille darüber, daß ein Mensch das Publicum durch falschen Schimmer blendet, ihm Staub in die Augen streuet, und auf solche Weise den Beifall zu *erschleichen* sucht, den sich ein *Lessing* und andere mit allen ihren Talenten und dem eifrigsten Kunstfleiß kaum zu erwerben vermochten, konnte zu dieser ekelhaften Beschäftigung anspornen. – Nun sei es aber genug; ich wasche meine Hände von diesem Schiller'schen Schmutze, und werde mich wohl hüten, mich je wieder damit zu befassen!«

Braun I,74–80.

Aus einer Rezension aus dem »Tagebuch der Mainzer Schaubühne«, Mainz 1788, 3. Stück:

»Man hat Schillers dramatische Produkte vergöttert und gelästert, bis zum Himmel erhoben, und dann wieder unter den Schwall unsrer sogenannten Originalstücke herabgewürdigt. Sie verdienen keines von beiden. Es sind keine vollendete Meisterstücke, die man im Tempel *Deutscher Kunst* aufstellen könnte; aber sie tragen Züge von tiefer Menschenkenntniß, von glühender Imagination, und selbst ihre Auswüchse sind Verirrungen des Genies.«

Braun I,216.

2. Dokumente aus dem 19. Jahrhundert

Es markiert den Sachverhalt recht gut, wenn Franz Mehring von »Kabale und Liebe« in Abwandlung des Wallenstein-Zitats sagt, es treffe auf kein anderes von Schillers Dramen so sehr »sein eigener Satz von dem schwankenden Urteile der Geschichte, das der Parteien Haß und Gunst verwirre« zu. Bei Erscheinen des Stücks begann das Für und Gegen. Das 19. Jahrhundert entschied sich in der ersten Hälfte für das Gegen, umschrieb diese Meinung aber, indem es häufig nachsichtig über das sozusagen verunglückte Jugendwerk hinweg zum *klassischen* Schiller, zu »Don Carlos« überging.
Parallel zu dieser Einschätzung des Stücks ist auch ein Absinken des Stoffs in einer Reihe von Parodien und volkstümlichen Bearbeitungen zu beobachten.[7]
Um die Jahrhundertmitte beginnt dann ein allmählicher Wandel in der Einschätzung. Er hat sowohl dramaturgische als auch ideologische Gründe. Obgleich der Naturalismus wegen seiner Abneigung gegen jedwedes Pathos zunächst schillerfeindlich auftrat, war er es doch schließlich, der sozialkritische Züge für sich entdeckte und dem Stück zu einer neuen Popularität auf der deutschen Bühne verhalf.

Im Jahre 1808 führte August Wilhelm S c h l e g e l (1767 bis 1845) in der fünfzehnten seiner Vorlesungen »Über dramatische Kunst und Literatur« aus:

»Die Verirrungen, welche sie [Goethe und Schiller], anfänglich noch in Mißverständnissen begriffen, veranlaßt haben, während sie immer reinerer Klarheit entgegengingen, sind zum Teil schon in Vergessenheit versunken oder werden es bald sein; ihre Werke werden dauern: wir haben darin wenigstens die Grundlage einer zugleich eigentümlich deutschen und echt künstlerischen dramatischen Schule. [...]
Unter diesen Umständen trat Schiller auf, mit allen Anlagen ausgerüstet, um zugleich auf die edleren Geister und

---

[7] Aufgeführt bei: Karl Goedeke, »Grundriß zur Geschichte der deutschen Dichtung aus den Quellen«, Bd. 5, Abt. 2, Dresden 1883, § 252, S. 73 f.

auf die Menge stark zu wirken. Er dichtete seine frühesten Werke noch sehr jung, unbekannt mit der Welt, die er zu schildern unternahm, und wiewohl ein selbständiger und bis zur Verwegenheit kühner Genius, dennoch von den eben erwähnten Vorbildern Lessings, Goethes in seinen früheren Arbeiten, und Shak[e]speares, wie er ihn ohne Kenntnis des Originals verstehen konnte, mannigfaltig beherrscht.
So entstanden seine Jugendwerke: ›Die Räuber‹, ›Kabale und Liebe‹, und ›Fiesko‹. [...] ›Kabale und Liebe‹ kann schwerlich durch den überspannten Ton der Empfindsamkeit rühren, wohl aber durch peinliche Eindrücke foltern.«

> Norbert Oellers (Hrsg.): Schiller – Zeitgenosse aller Epochen. Dokumente zur Wirkungsgeschichte Schillers in Deutschland. T. 1. Frankfurt a. M.: Athenäum Verlag, 1970. S. 129.

Franz Grillparzer (1791–1872) notierte am 19. Juni 1810 nach einer Aufführung am Wiener Burgtheater in sein Tagebuch:

»Was Schiller bei mir so außer Kredit gebracht hat, ist mir wohl begreiflich, Turandot[8] konnte das nicht, [...] wohl aber seine Kabale und Liebe, das elendeste Machwerk, das je ein Mann der doch, und zwar nicht ohne Grund, Anspruch macht unter die Matadors seiner Nation gezählt zu werden, aus bunten, glitzenden Lumpen zusammen[ge]flickt hat, und an dessen breiten Worten und hohen Stelzen man unmöglich die Absicht des Verfassers ein Meisterstück liefern zu wollen erkennen kann.«

> Grillparzer: Sämtliche Werke. Bd. IV. München: Hanser, 1965. S. 253 f.

Clemens Brentano (1778–1842) nach einer Aufführung – ebenfalls am Wiener Burgtheater – am 21. Januar 1814:

»Ich kann Ihnen, verehrter Freund, über die Darstellung dieses Trauerspiels keine vollkommene Rezension schreiben, denn in der Mitte des dritten Akts konnte ich es nicht mehr

---

[8] »Turandot«, Tragikomödie von Carlo Gozzi (1720–1806), die Schiller 1802 für das Weimarer Theater bearbeitete.

im Theater aushalten und ging lieber einen weiten beschwerlichen Weg durch das Tauwetter, als daß ich meine Seele mannichfaltig mißhandeln ließ. Dieses Trauerspiel gehört in die Periode Schillers, in welcher er noch mit sich selbst kämpfte; es ist die Arbeit eines jungen Gefühlshelden; der Pegasus, statt mit goldenem Hufe den kastalischen Quell aus grüner Erde hervor zu schlagen, beträgt sich wie ein arabisches Roß, das, sich die strotzenden Adern zu erleichtern, sie aufbeißt, und wir erhalten daher oft etwas Pferdeblut, zwar von edelster Abkunft, aber es ist doch nur Pferdeblut. In den Räubern riß er sich vom gemeinen Leben los, im Fiesko ergab er sich mit Studentenwut der Geschichte, in Kabale und Liebe fing ihn seine Zeit und sein Vaterland mit Kabale und Liebe ein. Im Don Karlos war er schön und wendete sich auf dem einzig möglichen Weg von der Wahrheit des wirklichen schönen Lebens zu einer sogenannten höheren Wahrheit eines schönen Kunstlebens; nachher tritt er in das strenge, reine, höhere, historische Leben im Wallenstein, in der Johanna d'Ark zur zweiten schönen Jugend, und hat in der Braut von Messina seinen Gipfel erreicht. Der Don Karlos ist sein Wendepunkt. In den ersten drei Schauspielen ist die Fabel unendlich schöner als seine Sprache, welche häufig unnatürlich, geschwollen, bombastisch, manchmal beinah lächerlich, oft recht gesucht, ganz ohne allen Puls, und übermäßig vollblütig ist. Im Don Karls ist die Fabel schön wie die Sprache. In den drei letzten aber ist die Sprache noch schöner als die Fabel, und er steht über dem Leben. In dem Leben selbst hat er nie gestanden; denn als er wußte, wie schön das Leben sei, war er kein Jüngling mehr, drum ergab er sich der Betrachtung und Reflexion. Er hat herrlich gebaut, wunderbar getönt, herrlich gebildet, reizend gemalt, aber nie geboren, nie erschaffen; er war mehr ein Künstler als ein Dichter, mehr ein Held als ein Gott in der Kunst, denn er war ein Mensch, der glaubte, man müsse mehr sein als ein Mensch in der Kunst, um ein Gott zu werden. –
Das Schicksal, welches in Kabale und Liebe zwei junge Herzen zertritt, ist meiner Empfindung ganz widrig, ja beinah ekelhaft, denn es ist ein Wurm. [...]
Durch die Unnatur in der Sprache in Kabale und Liebe, welche in der Bemühung, eine starke, großartige zu sein,

2. Dokumente aus dem 19. Jahrhundert

nur eine brockenvolle, großtuende ist, wird eine gute Aufführung dieses Stückes sehr erschwert.«

> Brentano: Werke. Bd. 2. München: Hanser, 1963. S. 1108–11.

Friedrich Hebbel (1813–63) notierte am 14. März 1847 in sein Tagebuch:

»Sah Kabale und Liebe von Schiller und war doch überrascht von der grenzenlosen Nichtigkeit dieses Stücks, die erst bei einer Darstellung ganz heraustritt.«

> Hebbel: Werke. Bd. 4. München: Hanser, 1966. S. 867.

Jakob Burckhardt (1818–97) hielt am 9. November 1859, am Vorabend von Schillers 100. Geburtstag, in der Aula des Basler Museums eine Ansprache, in der er zu »Kabale und Liebe« bemerkte:

»Seine frühen Dramen, ›Räuber‹, ›Fiesko‹, ›Kabale und Liebe‹ mußten Tendenzstücke sein, eben weil der Dichter sein Ideal vom Guten und Rechten an die phantastisch gesteigerte Wirklichkeit hielt. Eine Läuterung der Erfindung und des Stils läßt sich in den drei Dramen nicht verkennen. Dann, seit 1785 folgt auch Schillers Stil seiner Gesinnung und ersteigt in Lyrik und Drama eine höhere Stufe. Das erste Drama des idealen Stils ist ›Don Carlos‹.«

> Oellers. S. 416.

Im Jahre 1854 erschien eine Parodie auf »Kabale und Liebe« aus dem jiddischen Sprachbereich unter dem Titel »Koppelche und Liebetche«. Die letzte Szene hat darin folgende Gestalt angenommen:

Walter. Um Gott, was sind das für Geschichten – Ferdinand! Gift? Lügen!
Ferdinand. Lüge? Mörder und Mördervater! da liegt's Papier noch – der Rest vom Gift, da, dort – au! – im Kaffe.
Liebetche *(winselnd)*. Mmmmm!
Möller. Gift – und mein Liebetche?
Ferdinand *(winselnd)*. Mmmmm!

Liebetche. Die Leibschmazzen!

Walter. Aber der! Du *(zu Worm)* bist Schuld an Allem – Du Schofel, Du Hund!

Worm. Ich? sennen Se meschugge? Is es mein Suhn? bei de Gesichter vun de beiden do, bei die Einem ibbel un weh werden kann, meine Schuld? – das is der Dank? gut, so soll de ganze Stadt wissen, daß Se nit Herr Walter, sondern Wulfche Schauchet aus Pausen, daß Se kein Christ, sondern ä Meschummed[9] sind, mitsammt Ihr Koppelche do.

Ferdinand *(nimmt die Tasse und wirft sie Worm an den Kopf).* Da, Du Oos, hast Du Deinen Lohn.

Worm *(mit blutender Nase).* Au! de ganze Stadt soll es erfohren. *(Läuft ab.)*

Ferdinand und Liebetche *(wie oben).* Mmmmm!

Walter. Mein Sohn stirbt – ich bin verrathen! So will auch ich nicht länger leben; es wird doch noch ein bischen lumpiges Gift in dem Papier da sein für einen unglücklichen Vater? *(Nimmt das Papier und lies't.)* Wie heißt? – was seh ich? – pulvis laxativus?

Ferdinand. Was ist das? Abführpulver? – da hab ich mich im Bort vergriffen, aber beruhige Dich, Geliebte, ich lauf gleich hin und hol Rattenpülver!

Walter. Halt, mein Sohn! – ich seh mein Unrecht ein! Boruchhaschem[a], es ist nicht zu spät – ja, ich bin Wulfche Schauchet! Der Worm wird sich besinnen und schweigen! – Du aber, Koppelche, eine halbe Stunde nachdem dieses Giftpulver gewirkt hat, komm in meine Arme, aber eher nicht! – ich verzeihe Dir – Du sollst Liebetche haben – Ihr könnt Euch nach § 4 des Gesetzes von 1851 bei der Wedde melden – was sagt Ihr dazu, Rebb Mausche?

Möller. Was soll ich sogen? Liebetche – ich geb Dir meine Broche[b]!

Liebetche. Danke – mein Vater – Ferdinand – au, wie ä Zwick!

Ferdinand. Ruhig, Geliebte, folge erst der Stimme der Natur und dann der der Liebe! – Jetzt aber schnell 'ne

---

[a] Gelobt sei Gott.
[b] Segen.
9 getaufter Jude.

2. Dokumente aus dem 19. Jahrhundert

Droschke und dann morgen in de Nachrichten de Anzeige von der Verlobung von Koppelche und Liebetche!
Liebetche. Es kniept! schnell den Vorhang runter!
(Gruppe.)

> Koppelche und Liebetche. Schauspiel in 5 Acten. Nooch Schillerche sein Kabale und Liebe verarbeitet vun Mausche Worscht. Hamburg: Berendsohn, 1854. S. 31 f.

Theodor Fontane (1819–98) hat sich als Theaterkritiker häufig über »Kabale und Liebe« geäußert. Aus seinen verschiedenen Rezensionen Berliner Aufführungen werden im folgenden einige Ausschnitte abgedruckt:

Aufführung am 12. Mai 1874, »Vossische Zeitung« Nr. 111 vom 14. Mai 1874:

»Jedesmal, wenn das Gastspiel einer neuen Luise, eines neuen Wurm, Miller oder Ferdinand uns zwingt, einer Wiederholung von ›Kabale und Liebe‹ beizuwohnen, erschrecken wir zunächst bei dem Gedanken, das oft Gesehene noch einmal sehen zu müssen, aber immer aufs neue bringt uns das Stück unter seine außerordentliche dramatische Gewalt [...].«

> Fontane: Sämtliche Werke. Bd. 22,1. München: Nymphenburger Verlagshandlung, 1964. S. 356.

Aufführung am 4. Dezember 1874, »Vossische Zeitung« Nr. 280 vom 6. Dezember 1874:

»Im übrigen wurden wir, soweit die drei ersten Akte des Stückes in Betracht kommen, abermals von jener dramatischen Gewalt berührt, die uns, bei Aufführung der ›Räuber‹ und ganz besonders in ›Kabale und Liebe‹, immer wieder und wieder gefangennimmt. Was an Kunst und Geklärtheit in diesen Jugendarbeiten fehlen mag, wird reichlich aufgewogen durch die instinktiv sicheren Griffe des Genies.«

> Ebd. S. 381.

Aufführung am 18. März 1879, »Vossische Zeitung« Nr. 81 vom 20. März 1879:

»Das Stück selbst übte wieder seinen alten Zauber, vor allem die Schlußszene des zweiten Akts. Es gibt weniges, was von der Bühne her mächtiger wirkte. Ich hab' es nun wohl zwanzigmal gesehn, aber immer aufs neue bin ich wie hingerissen davon. Alles, was sich an mit Recht gefeiertsten Szenen in den späteren Schillerschen Stücken (›Jungfrau‹, ›Tell‹) findet, ist, verglichen mit *dieser* Szene, kunstvoll angekränkelt.«

Ebd. S. 764.

Friedrich E n g e l s (1820–95) bemerkte in einem Brief an die Schriftstellerin Minna Kautsky (1837–1912), die Mutter des Sozialisten Karl Kautsky, am 26. November 1885:

»Ich bin keineswegs Gegner der Tendenzpoesie als solcher. Der Vater der Tragödie, Äschilus, und der Vater der Komödie, Aristophanes, waren beide starke Tendenzpoeten, nicht minder Dante und Cervantes, und es ist das Beste an Schillers ›Kabale und Liebe‹, daß sie das erste deutsche politische Tendenzdrama ist. Die modernen Russen und Norweger, die ausgezeichnete Romane liefern, sind alle Tendenzdichter. Aber ich meine, die Tendenz muß aus der Situation und Handlung selbst hervorspringen, ohne daß ausdrücklich darauf hingewiesen wird, und der Dichter ist nicht genötigt, die geschichtliche zukünftige Lösung der gesellschaftlichen Konflikte, die er schildert, dem Leser in die Hand zu geben.«

Karl Marx / Friedrich Engels: Über Literatur. Ausgew. und hrsg. von Cornelius Sommer. Stuttgart: Reclam, 1971. (Universal-Bibliothek. 7942 [2].) S. 82.

Otto B r a h m (1856–1912), der entscheidenden Anteil an der Ausbildung des naturalistischen Bühnenstils hatte, schrieb 1888 im ersten Band seines Schiller-Buches:

»Unter solchen Einwirkungen, unter dem mächtigen Druck einer neuen Kunstanschauung, welche Schiller selbst in typischen Werken ausprägte, mochte ›Kabale und Liebe‹ in der allgemeinen Schätzung eine Zeit lang zurücktreten; aber je weiter wir von dem Werk abstehen, je unbefangener wir seinen socialen und seinen poetischen Gehalt haben erkennen lernen, in desto wärmerer Bewunderung treten wir vor diese einzige Schöpfung hin. Unzerstört und unzerstörbar ist der dramatische Gehalt des Werkes; und wie hoch auch Schiller

Illustration der Schlußszene von Carl Larsson (Leipzig: Bong, 1892)

an ästhetischer Einsicht und ethischer Klarheit noch gestiegen ist, unmittelbarer Bühnenwirkung hat er nirgends erzielt, als hier. In dem weitverzweigten Gebirgsstock, welchen wir das deutsche bürgerliche Drama nennen, ist ›Kabale und Liebe‹ der alles überragende Gipfelpunkt; und wo immer eine kräftige Weltanschauung modernes Leben abzuspiegeln sucht im Licht der Scene, mag sie an diesem durch die Folge der Zeiten weithin sichtbaren Bilde sich in Größe und unerschrockener Wahrheit stärken.«

Brahm: Schiller. Bd. 1. Berlin: Hertz, 1888. S. 325.

Franz Mehring (1846–1919), einer der ersten marxistischen Literaturkritiker, im Februar 1894 in der Zeitschrift »Die Volksbühne« über »Kabale und Liebe«:

»Nächst und neben Lessings ›Emilia Galotti‹ ist Schillers ›Kabale und Liebe‹ das revolutionärste Drama unserer klassischen Literatur. Es erschien fünf Jahre vor Ausbruch der Französischen Revolution, im Jahre 1784, als auf Deutschland noch der Druck und die Schmach eines Despotismus lastete, der von mehreren hundert kleinen Despoten mit raffinierter Grausamkeit gehandhabt wurde. Eher noch als Schillers Erstling ›Die Räuber‹ hätte dies bürgerliche Trauerspiel das Motto tragen dürfen: In tirannos! Gegen die Tyrannen!
Es soll schwer sein, in der ganzen Weltgeschichte eine Klasse aufzufinden, die durch so lange Zeit so arm an Geist und Kraft und so überschwenglich reich an menschlicher Verworfenheit gewesen ist wie die deutschen Fürsten vom fünfzehnten bis zum achtzehnten Jahrhundert. Doch wäre es falsch, die Verantwortung für diese betrübende Tatsache auf die einzelnen Fürstengeschlechter oder gar auf die einzelnen Fürsten zu werfen. Es waren die ökonomischen Lebensbedingungen der Fürstenklasse, die aus ihr in jenen Jahrhunderten ein so groteskes Zerrbild machten. Die Weltwende des sechzehnten Jahrhunderts hatte Deutschland in einen Abgrund des Verfalls geworfen. Unser Vaterland gelangte nicht zu der nationalen Einheit, die in England, Frankreich, Spanien aus der schnellen Entwicklung der kapitalistischen Produktionsweise erwuchs. In Deutschland

2. Dokumente aus dem 19. Jahrhundert

blieben die kleinen, mittelalterlichen Staatswesen zum großen Teile bestehen, sie kamen einerseits nicht aus den Resten des Feudalismus heraus, andererseits nicht über die Anfänge des Kapitalismus hinaus.
So fehlte diesem zwerghaften Despotismus die Grundlage, welche die fürstliche Gewalt in ökonomisch entwickelten Ländern besaß. Da diese kleinen Tyrannen von dem Gewerbe ihrer Untertanen nicht leben konnten, so lebten sie von ihrem Blute; aus dem Handel mit Menschen gewannen sie, was der Handel mit Produkten nicht abwerfen konnte. [...]
Aber so weit hatte sich in zwanzig Jahren das deutsche Bürgertum doch zu regen begonnen, daß Schiller mit ›Kabale und Liebe‹ erklären konnte: Guastalla liegt in Deutschland. Vieles in seinem Trauerspiele erscheint heute allzu grotesk, allzu kraß, allzu übertrieben, aber deshalb enthält es doch echte, historische Wahrheit. Dieser Präsident von Walter, dieser Hofmarschall von Kalb, dieser Sekretär Wurm sind einmal lebendige Gestalten gewesen; solche Narren und Schurken waren die Träger des deutschen Zwerg-Despotismus. Höchstens an der Lady Milford mag man aussetzen, daß ihr Charakter zu sehr ins romantische Gebiet überspiele. Solche edelmütigen Regungen, wie diese Favoritin eines menschenverschachernden Fürsten noch verrät, kannten die Fürstendirnen des vorigen Jahrhunderts nicht; an Lessings Gräfin Orsina reicht Lady Milford nicht heran. Freilich hat Schiller die teilweise Unwahrscheinlichkeit der Mätresse dadurch einigermaßen erklärt, daß er sie aus dem englischen Adel abstammen läßt. Der deutsche Adel pflegte seinen Töchtern feierliche Hochzeitsfeste auszurichten, wenn der angestammte Landesvater sie zu seinen Beischläferinnen erkor.
Ebenso wahr sind auch die bürgerlichen Figuren des Trauerspiels. Es gärte damals in den kleinbürgerlichen Klassen, wie es in dem Stadtmusikanten Miller gärt. Sie gewannen ein gewisses Selbstbewußtsein, sie wurden es müde, der Spielball adliger oder fürstlicher Lüste zu sein, ein ehrlicher Proletarierzorn begann in ihnen zu kochen. Aber sie waren zu lange mißhandelt worden, um zu erkennen, daß gegenüber den herrschenden Klassen ihnen nur die eine rettende Politik blieb: den Daumen aufs Auge und das Knie auf die

Brust. Ein Beutel voll Gold, ein Almosen, das sie in sogenannten Ehren von dem Adel annehmen konnten, machte sie doch wieder kirre. Und nun gar ihre Weiber, die ganz in Fürstenfürchtigkeit erstarben, die sich wie Bleigewicht an das bißchen erwachende Tatkraft der Männer hingen! Ehrbar in ihrer Weise, konnten sie doch nie ganz dem heimlichen Gelüste widerstehen, ihr bürgerliches Fleisch mit adligem Blute zu verkuppeln. Endlich das Liebespaar, dessen überstiegene Sprache uns heute wohl am seltsamsten in Schillers Trauerspiel anmutet, war auch einmal wirklich. Was in Deutschland von dem Geist einer neuen Zeit angeweht wurde, schwärmte in den Wolken mit den Winden; der ganze Emanzipationskampf des deutschen Bürgertums vollzog sich schließlich in den Ätherhöhen der Idee, weil es zu schwach war, auf ebener Erde mit derben Fäusten und blanken Waffen zu kämpfen.

Die deutsche Arbeiterklasse hat darin ein glücklicheres Los gezogen, und so ist sie leicht geneigt, Dramen wie Lessings ›Emilia Galotti‹ und Schillers ›Kabale und Liebe‹ zu unterschätzen. Trotzdem bilden die großen Dichtungen unserer klassischen Literatur rühmliche Stationen in ihrer eigenen Vorgeschichte. Der revolutionäre Geist, aus dem sie geboren sind, lebt heute allein noch im Proletariat. Die offizielle Wissenschaft der bürgerlichen Klassen bemüht sich heute, die Greuel der deutschen Zwerg-Despoten totzuschweigen oder, wenn das nicht geht, zu beschönigen oder gar zu verherrlichen. Selbst der Menschenschacher hat unter den Byzantinern[10] der deutschen Hochschulen fanatische Verteidiger gefunden; es gibt keine fürstliche Infamie, die ein deutscher Professor nicht zu rechtfertigen weiß. Um so mehr sollte die Arbeiterklasse Werke wie Schillers ›Kabale und Liebe‹ in Ehren halten! Noch hat kein moderner Naturalist eine Dichtung geschrieben, die so voll revolutionärer Tatkraft ist, wie Schillers bürgerliches Trauerspiel unter den vor hundert Jahren in Deutschland herrschenden Verhältnissen war.

Es ist übrigens bemerkenswert, daß der deutsche Philister, immer derselbe faule, feige und nichtsnutzige Patron, Schillers ›Kabale und Liebe‹ gleich nach ihrem Erscheinen mit

---

10 abwertend für ›Kriecher, Schmeichler‹.

denselben Schimpfereien überhäufte, mit denen er heute jeden Versuch zu einer erneuernden Wiedergeburt des Theaters überhäuft.«

Mehring: Gesammelte Schriften. Bd. 10. Berlin: Dietz, 1961. S. 640–643.

3. Zur Wirkungsgeschichte im 20. Jahrhundert

Nach 1900 fand »Kabale und Liebe« einen festen Platz in den Spielplänen der deutschen Bühnen. Vor allem der Regisseur Max Reinhardt (1873–1943) hat an dieser Etablierung des Stücks bedeutenden Anteil. Zwischen 1904 und 1931 hat er das Stück in Berlin fünf Mal inszeniert.
Über eine Reinhardt-Aufführung im Jahre 1916 im Deutschen Theater in Berlin schrieb Siegfried Jacobsohn (1881–1926) in der »Schaubühne«:

»Der Jubel war ungeheuer. Es wäre falsch, ihn einzig aus der Hysterie der halbwüchsigen Reinhardt-Garde zu erklären, die ja wohl ziemlich wahllos ist. Kein geringerer Teil des Erfolgs kam auf Schiller, den der Deutschen von jeher nahe gewesen ist, wenn sie Deutschland bedroht sahen. Was sie stärkt, ist, ganz einfach und allgemein: sein Idealismus. Sein Glaube. Seine Glut. Seine Jugend. Sein furor germanicus nicht: teutonicus[11]. Selbst wer unangesteckt bleibt, wünscht sich, angesteckt zu werden, beneidet insgeheim die naivern Gemüter, wird also auf Umwegen doch angesteckt. Und nirgends leichter und öfter als hier, als in opus Drei. Dies Bürgerliche Trauerspiel zieht aus dem Milieu, das sein Untertitel bezeichnet, eine Kraft wie keins der heroischen Trauerspiele. Vom Hausvater Miller, der manchmal ein Held ist, zum Helden Wallenstein, der meistens ein Hausvater ist, kann man den Blick kaum wenden, ohne daß er umflort wird. Nicht einmal Schillers Technik nimmt zu. Der Aufbau des zweiten Akts von ›Kabale und Liebe‹ sucht seinesgleichen im deutschen Drama, der Schluß dieses Akts in der Weltdramatik. Dann beginnt das Intrigenstück, durch das freilich immer wieder die reine Flamme hindurchschlägt. Vom Theater hängts ab, was man lebhafter spürt. [...]

11 ›germanisches Ungestüm‹ nicht ›deutsches‹.

Was gezeigt wird und wie, das ist seit zwölf Jahren bekannt und von mir mehrfach geschildert worden. Beschränken wir uns auf die neue Besetzung. [...]
Ach, daß dem Menschen nichts Vollkommenes wird! Als alles gut war, fehlte der Ferdinand. Jetzt endlich hat Reinhardt einen – da haperts ringsum. [...]
Hartmann[12] ist Ferdinand ganz und gar. Ein Amoroso[13] von deutschem Geblüt, nicht von slawischem, jüdischem oder italischem: der immer ersehnte Glücksfall der deutschen Bühne. Hartmann, Reinhardt, Schiller, der Krieg: die vier ungefähr gleichen Faktoren des ungeheuern Erfolgs von ›Kabale und Liebe‹.«

Die Schaubühne 12 (1916) Nr. 47. S. 485 f.

Bertolt B r e c h t (1898–1956) hat im Jahre 1920 für den Augsburger »Volkswillen« eine Zeitlang Theaterkritiken geschrieben. Über eine Aufführung von »Kabale und Liebe« im Augsburger Stadttheater berichtete er am 29. September 1920:

»Ein unvergleichliches Stück. Zwischen Erzengeln und Teufeln eine wilde Balgerei, bis über dem Liebestod mit Limonade die bezwungenen Teufel den zerfleischten Engeln Beifall klatschen (und in die Binsen gehen...).
Die Regie ausgezeichnet. Tempo. Realistisches, lieblich Krasses und dann wieder Arien. Nirgends zersägt die Reflexion diese blühenden Bäume, die kindlich in den Himmel wachsen. Es klappt wie in der Dichtung. Gliederung und Zusammenbildung der Akte stark (noch in der Auflockerung des Hintergrundes im letzten Akt, wo die Nacht hereinschlägt: es geht Windhauch über löschende Kerzenlichter).«

Brecht: Gesammelte Werke. Bd. 7. Frankfurt a. M.: Suhrkamp, 1967. (werkausgabe edition suhrkamp.) S. 17.

Ebenfalls über eine Reinhardt-Inszenierung schrieb Alfred P o l g a r (1873–1955) im Jahre 1924:

»Das bürgerliche Trauerspiel hat Reinhardt und Reinhardt hat das bürgerliche Trauerspiel immer wieder versucht. Es

12 Paul Hartmann (1889–1972).
13 Verliebter.

Illustration der Schlußszene von J. H. Ramberg (Jahrbuch des Freien Deutschen Hochstifts 1909)

ist gut zu begreifen, daß an der Flamme dieses Stücks einem richtigen Theaterherzen warm und wohl wird. Schillers Opus 3 gab, seinerzeit, dem Geist wie dem Gemüt unendlich viel; das Meiste aber gab, und gibt es noch, der Bühne. Dauer über die Jahrhunderte hinweg dankt es weniger seinem Ideen- und Gefühlsinhalt als den Gefäßen, in die dieser Inhalt gegossen ist. Den Gestalten des bürgerlichen Trauerspiels sichert nicht ihr hohes Menschentum (oder ihr exzessives Unmenschentum) Unsterblichkeit: unsterblich sind sie als Theaterfiguren.
Es gilt, sie so zu spielen, daß sie unter dem Pathos, das ihnen aufgeladen, nicht zusammenbrechen. Durch eine Abschwächung des Pathos wäre das nicht zu erzielen. Realistische Experimente müssen an Schillers Diktion scheitern; es wäre ein vollkommener Nonsens, Überlebensgröße, um sie darzustellen, auf Lebensgröße herabzusetzen. Damit würde die Aufgabe nicht gelöst, sondern von der Tafel gewischt. Reinhardt dämpft die Flamme, in der das Werk und die in dem Werke brennt, nur, um den Effekt des Auflodems zu verstärken. Sehr schön das reiche Spiel der Reflexe, das er ihr abgewinnt. Seine Regie, lieber absichtlich als leer, hat wenig tote Punkte. Sie leitet Spannung bis in den letzten Winkel auch des unbelebten Raums [...], und es glückt ihr so, unterstützt von vortrefflichen Schauspielern, eine Aufführung, die alle dramatische Kraft und Affektfülle des Werks ungebrochen widerspiegelt.«

Die Weltbühne. Der Schaubühne XX. Jahr (1924) Nr. 19. S. 631.

Totalitäre Systeme versuchen immer die kulturelle Tradition für die eigene Ideologie zu nutzen. Von diesem Schicksal blieb Schiller zwischen 1933 und 1945 nicht verschont. So schrieb ein führender nationalsozialistischer Funktionär:

»›O sie sind pfiffig, solange sie es nur mit dem *Kopf* zu tun haben; aber sobald sie mit dem *Herzen* anbinden, werden die Bösewichter dumm.‹ Trostreich ist diese Wahrheit für jedes von Bösewichtern mißregierte Volk, sofern es noch ein *Herz* in sich schlagen fühlt.
Jener Iffland, der den Titel ›Kabale und Liebe‹ für Schillers Drama erfand, suchte die aufwühlende revolutionäre

3. Zur Wirkungsgeschichte im 20. Jahrhundert

Kraft dieser Tragödie zu kitschiger Sentimentalität umzufälschen. Schiller nannte sein Drama ›Luise Millerin‹. Dieser Name trifft den Kern. Denn Luise ist gleichsam die *getretene Volksseele*, die doch kein Stiefeltritt zu beschmutzen vermag.

Das einfache Volk ist der Jungbrunnen der Nation. Solange sein Fühlen und Wollen gesund ist, kann auch eine faulige Oberschicht das Leben der Gemeinschaft nicht auf die Dauer vergiften. Ein Funke idealistischen Feuers, aus der Volksseele in den Dunst der herrschenden Gesellschaft geschleudert, – sprengt eine ganze Scheinwelt der Korruption und der Eigensucht in die Lüfte. Kostbare Einzelwesen mag die Wucht dieser Explosion zermalmen. Sie fallen als *Opfer für die Gemeinschaft*, die ihr Tod zu neuem Leben erweckt. [...]

In unerschöpflicher Symbolik verdeutlichte der kaum erwachsene Jüngling, der reife Mann und noch der Sterbende die großen, schicksalhaften Gegensätze: Führertum und Gewalthabertum, Gemeinsinn und Eigennutz, Druck und Empörung, Knechtschaft und Freiheit, Artbewußtsein und Artverleugnung, Volksgenossentum und Volkszersetzung, Glaubenskraft und Weltklugheit, Gottvertrauen und Gottentfremdung. Es sind die gleichen ›großen Gegenstände‹, die auch heute wieder den erwachten Deutschen im Tiefsten bewegen.

Mit untrüglicher Sicherheit schied er das Echte vom Falschen; denn aus den Urkräften des Blutes schöpfte er sein Urteil. Gott, Volk, Vaterland, Familie, – Blut und Boden, – Ehre, Heldensinn und wahre Freiheit, – das waren die Werte, die seine deutsche Seele ihm als unveräußerlich kündete. Um diese Werte galt es zu kämpfen bis zum letzten. [...]

Schiller als Nationalsozialist! Mit Stolz dürfen wir ihn als solchen grüßen. Mit Stolz – und mit Dankbarkeit. Denn niemand weiß, ob und was wir ohne ihn wären. Er war es, der mächtiger vielleicht als irgend ein anderer den Idealismus des deutschen Volkes auch in der Zeit des Niederganges am Leben erhalten hat. [...]

Der Nationalsozialismus schöpft aus den gleichen, ewigen Kraftquellen deutscher Art, aus denen auch Schiller schöpfte. In seinem Werke aber hat der Dichter dem erwachenden

Deutschland eine weitere unversiegbare Kraftquelle hinterlassen. Aus ihr wollen wir schöpfen und trinken. Aus ihr wollen wir auch unseren dürstenden Volksgenossen Kraft spenden.
Unaufhaltsam marschieren unsere Kampfkolonnen. Kameraden, die den Opfertod starben, und die Toten aus den Kriegen der deutschen Vergangenheit ›marschieren im Geist in unseren Reihen mit‹. An der Spitze aber, dem leuchtenden Hakenkreuzbanner voran schreiten Seite an Seite mit den lebenden Führern die großen Geister, deren Leiber die Erde deckt. Aufrecht und stolz ragt unter ihnen die Lichtgestalt Friedrich Schillers hervor: den Kämpfern zum Vorbild, den Zaudernden zum Sporn, allen Jämmerlingen zum Ärgernis, den Volksverderbern aber, die ihn tot glaubten, zum Entsetzen.«

> Hans Fabricius: Schiller als Kampfgenosse Hitlers. Nationalsozialismus in Schillers Dramen. Berlin: Deutsche Kulturwacht, ²1934. S. 33 und 127 f.

Nach 1945 beginnt eine neue, aspektreiche Auseinandersetzung mit »Kabale und Liebe«. Die folgenden Texte können nur einige wenige Schlaglichter auf diesen Abschnitt der Wirkungsgeschichte werfen.

»Das eigentliche Spiegelbild seiner Zeit und ihrer Ängste aber fand das deutsche Theater nach 1945 in den ›Räubern‹ und in ›Kabale und Liebe‹. Beide Stücke legen, wiewohl immer wieder in ein religiöses Grunderlebnis verweisend und im Theologischen aufgefangen, eine durch und durch schadhafte, am Rande der Verzweiflung taumelnde Welt bloß und das in einem jähen Anspruch und mit einer ingrimmigen Entschlossenheit, die selbst die Schreckensbilder des existentialistischen und des absurden Dramas noch als vergleichsmäßig harmlos erscheinen läßt. Nur an den beiden Frauengestalten hängt die in einem letzten, heroischen Auf- und Umschwung gewonnene moralische Rettung der Weltordnung. Zu spüren, auf welch dünnem und zerbrechlichem Boden auch die idealistische Weltanschauung der Klassik steht, gerade das macht die beiden wilden Schößlinge eines nach allen Seiten um sich schlagenden Weltschmerzes dem Publikum so schaurig vertraulich. [...]

›Kabale und Liebe‹ wirkt auf dem heutigen Theater als das am meisten anklagende, pessimistischste, böseste und schwärzeste Stück im gesamten dramatischen Schaffen Schillers. Daraus und nicht aus der Reproduktion ganz überwundener und uninteressant gewordener sozialer Verhältnisse erklärt sich offensichtlich das Rätsel seines andauernden Erfolges. In der Spielzeit 1954/55 lag das ›bürgerliche Trauerspiel‹ an der Spitze aller Schilleraufführungen. Vorher und nachher ist ihm in der Regel der dritte Platz geblieben.«

Günther Skopnik: Die Dramen Schillers auf den Bühnen der Deutschen Bundesrepublik seit 1945. In: Maske und Kothurn 5 (1959) S. 205 f.

»Bis heute ist kein Drama Schillers so umstritten und stellt die Auslegung vor so verwickelte Probleme wie ›Louise Millerin‹. Auf der einen Seite steht die Auffassung vom ›sozialen Drama‹, vom handfesten politischen Tendenzstück, wie sie noch vor kurzem in einer Studie von Joachim Müller[14] bis zum äußersten zugespitzt wurde, auf der anderen finden sich die mehr oder weniger metaphysischen und religiösen Deutungen (von Wiese, Storz) oder die jüngsten Versuche einer existenziellen und moralischen Kritik (Martini, Beck), die vor allem die Gestalt Ferdinands in ihrer Zweideutigkeit analysieren. [...]

Wenn alle diese Auslegungsversuche nicht recht befriedigen können, so hat das, wie ich glaube, einen methodischen Grund. Sie gehen mehr oder weniger ungeschichtlich vor und tragen die politische, moralische und weltanschauliche Problematik von heute allzu sehr in das Drama Schillers hinein. Joachim Müller denkt nach dem Schema des dialektischen Materialismus und sieht von hier aus Schillers Auseinandersetzung mit der Feudalherrschaft, so wie er sie sehen möchte, d. h. unter Ausmerzung aller religiösen und theologischen Probleme. [...]

Aber auch die Interpreten der anderen Seite verfallen dem methodisch gleichen Fehler, wenn sie von der Existenzphilosophie aus argumentieren, und, wie z. B. Beck, aber in ab-

---

14 Vgl. dazu und zu den folgenden zitierten Arbeiten die Literaturhinweise Kap. VII.

geschwächter Weise auch Martini, Ferdinand zum schweren Vorwurf machen, daß die Liebe hier ein Recht auf den geliebten Menschen, ›ja, eine Macht über ihn‹ begründe. ›Das Mädchen ist mein‹: immer wieder klingt dieser schauerliche Satz auf, der die freie Person zur Sache entwürdigt.‹ Beck hat den Satz nicht mit den Augen von Schillers Zeitgenossen gelesen. Er übersieht das empfindsame Pathos des Helden, der seine Liebe noch vor Gott verteidigt oder umgekehrt durch Gott legitimiert glaubt. Der junge Schiller wäre gewiß sehr erstaunt gewesen, daß ein solches Verhalten als Erniedrigung des Du zum Ding interpretiert werden kann.«

Benno von Wiese: Friedrich Schiller. Stuttgart: Metzler, 4 1978. S. 193–195.

Es gibt in Deutschland bisher vier Filmfassungen (1907, 1921, 1922, 1959) von »Kabale und Liebe«. 1959 entstand unter der Regie von Martin Hellberg in der DDR als Produktion der DEFA »Kabale und Liebe«. Es spielten u. a. Otto Mellies, Karola Ebeling, Martin Hellberg, Wolf Kaiser und Uwe Jens Pape. Das Drehbuch stammte von Martin Hellberg. Der Theaterkritiker Herbert J h e r i n g (1888–1977) schrieb über eine Aufführung dieses Films:

»Man hört immer wieder, daß klassische Theaterstücke durch Verfilmung an die breite Masse herankommen und schon früh für die fortschrittliche Bildung der Jugend wirksam werden. Das ist falsch. Verfilmte Theaterstücke geben kaum jemals den dichterischen Charakter des Werkes wieder. Sie können, wenn sie eine bestimmte Bühneninszenierung filmisch festhalten, dokumentarischen Wert besitzen und in diesem Sinne historisch interessant bleiben. Ausgezeichnetes Beispiel: der Film von Brechts ›Mutter‹-Inszenierung. Das ist gut, denn der Vorrang des Theaters wird gewahrt.
Wird aber die dichterische Handlung direkt verfilmt, Schiller also als Drehbuchautor benutzt, entsteht kein klarer Eindruck. Ja es kann sogar geschehen, daß der Zuschauer, gewöhnt an alle Schnulzen des Weltfilms, Gefühlsszenen, die, gelesen oder auf dem Theater richtig gespielt, echt wirken, im Film auf seine sentimentale Welt überträgt, selbst dann, wenn der Filmschauspieler den richtigen Ton und die richtige Geste findet. Wieviel größer aber ist erst die Ge-

3. Zur Wirkungsgeschichte im 20. Jahrhundert

fahr, wenn die Darsteller an die Grenze der Sentimentalität geraten. Dann überträgt der Kinobesucher das Bühnenstück automatisch in seine Kinoerfahrungen und fühlt sich von Schiller angesprochen wie von einem Tränenerwecker. Er wird also, grob gesagt, in seiner Empfindungsduselei nicht aufgeschreckt, sondern im Gegenteil noch bestätigt.
Gewiß hat sich Martin Hellberg, als er mit der DEFA die Verfilmung wichtiger klassischer Dramen beschloß, gedacht, das Kinoprogramm fortschrittlich zu aktivieren. Aber auch bei seinem letzten Versuch tritt das Gegenteil ein. Ich sah seine ›Kabale und Liebe‹ an einem Nachmittag in einer Repertoirevorstellung des ›Babylon‹ am Luxemburgplatz. Viele Jugendliche besuchten die Vorführung. Was geschah? Bei den Szenen, die sie an Kinoeffekte zu erinnern schienen, lachten die Schüler, also auch, als Ferdinand und Luise Gift nahmen. Sollte das Kritik an Schiller sein oder an den Schauspielern? Nein, es war das Schmunzeln über eine Sensation und bewies, daß Szenen des alten Theaters, die auf der Bühne auch bei mittleren Aufführungen im Zusammenhang mit dem zeitkritischen, aggressiven Inhalt wirken, im Film als isolierter Effekt aufgefaßt werden können, die Schablone also nicht durchbrechen, sondern legitimieren.
Das bewies diese ›Kabale und Liebe‹. Wenn nun noch hinzukommt, daß der Regisseur sogar oft Poesie mit Weichheit und Tragik mit Tränen verwechselt, dann ist es ganz aus. Die Luise der Karola Ebeling war von Beginn an sentimental, doch zum Schluß wurde auch der Stadtmusikant Miller, den Martin Hellberg selbst spielte, weich und verschwommen. So geht es nicht. Aber sogar wenn der ganze Film härter angelegt worden wäre, die Jugend, die Arbeiter müssen Schiller auf dem Theater kennenlernen, müssen ihn lesen, der Film ist dafür kein Ersatz. Das Erlebnis dieser Nachmittagsvorstellung im ›Babylon‹ hat mir nur bestätigt, daß es ein Irrtum bleibt, Theaterstücke direkt zu verfilmen.«

Sinn und Form 12 (1960) S. 157 f.

Rolf Martin-Kruckenberg (geb. 1925) schrieb 1965 in der DDR-Zeitschrift »Theater der Zeit« einen Aufsatz: »Über die Darstellung des ›Bösen‹. Zur Gestaltung des Wurm in ›Kabale und Liebe‹«. Er führte dort aus:

»In der sozialistischen Gesellschaft, in der große Anstrengungen unternommen werden, das Zusammenleben der Menschen zu verändern, muß es Aufgabe der Kunst sein, dieses Zusammenleben als veränderbar zu zeigen. Eine scheinbare Ordnung, in der ›Gut‹ und ›Böse‹ unveränderbar und beziehungslos nebeneinander bestehen, kann unsere Gesellschaft nicht anerkennen. Auf einen Nenner gebracht, bedeutet das etwa: Ein Mensch, im Faschismus schlimmster Greueltaten fähig, weil ihm dieser Gelegenheit dazu gibt, hat in einer humanistischen Gesellschaft die Möglichkeit, seinen Tatendrang einer nützlicheren Tätigkeit zuzuführen. Diese Kenntnis von der komplizierten, widersprüchlichen Wirklichkeit führt zu Konsequenzen in der Darstellung von ›Bösewichten‹ in dramatischen Kunstwerken: Indem wir den ›Bösewicht‹ nicht nur als böse zeigen, sondern auch noch andere Verhaltensweisen von ihm in die Darstellung einbeziehen, zeigen wir das Böse in ihm als eine gesellschaftlich bedingte Verhaltensweise, die aufzuheben ist, wenn die gesellschaftlichen Verhältnisse verändert werden. Jede Darstellung des Bösen als etwas Absolutes ist unproduktiv.
Es gehört zum Wesen der Dialektik, einen Gegenstand von allen Seiten zu betrachten, wenn er in seiner Ganzheit erfaßt werden soll. Allerdings muß dabei die Beurteilung von einem Standort aus – vom Klassenstandpunkt – erfolgen. Den Wurm in Schillers ›Kabale und Liebe‹ als die Inkarnation des absolut Bösen darzustellen, bedeutet, ein zutiefst pessimistisches Abbild des Menschen zu entwerfen, das den Zuschauer kaum auf eine Veränderung des menschlichen Zusammenlebens hoffen läßt.
Welche Entdeckungen gilt es nun an diesem Wurm, bei einer dialektischen, parteilichen Betrachtungsweise zu machen?
Der aus dem Bürgertum kommende Wurm hat sich mit seiner Intelligenz und seinen Fähigkeiten in den Dienst des Hofs begeben, wo der ›*langsame, krumme Gang der Kabale*‹ als normales Mittel des politischen Tageskampfs üblich ist. Da letzthin die Politik des Hofs auf die Ausbeutung des Bürgertums ausgerichtet war, ist Wurm zum Abtrünnigen seiner Klasse geworden. Warum ist Wurm am Hof tätig? Weil er Spaß am Kabaleschmieden hat? Weil er

ein Intrigant aus Leidenschaft ist? Ein pathologischer Fall also? Wäre er damit nicht für die Behandlungsmethoden eines Nervenspezialisten interessanter als für die Darstellung auf unserem Theater? Gibt es nicht vielmehr ganz profane Gründe, die ihn zu diesem Schritt bewogen haben? Ehrgeiz, Ansehen und gehobener Lebensstandard etwa?

Der anfangs erwähnte Mann, im ›bürgerlichen Leben‹ vielleicht Tischler, Schlosser oder Frisörgehilfe von Beruf, hat doch wohl nicht dem Faschismus gedient, um unbedingt Greueltaten begehen zu wollen? Er hat es zunächst einmal des Solds, der gesellschaftlichen Vorteile und der ›schneidigen Uniform‹ wegen getan.

Oder wie ist es mit dem Gewerkschaftsboß westlicher Prägung, von Beruf ebenfalls Tischler, Schlosser oder Frisörgehilfe, der mit Arbeitgebern paktiert, Schmiergelder einsteckt? Tut er es nicht, um dickere Zigarren rauchen und auf die nächstbessere Automarke umsteigen zu können?

Auch Wurm wird sich mit dem Lohn seiner Tätigkeit Attribute der Hofgesellschaft aneignen wollen: eine modische Kleidung und kostbaren Schmuck beispielsweise. Das Kostüm ist etwas, was deutlich sichtbar über die Figur erzählend in Erscheinung tritt. Also scheuen wir uns nicht, einen modisch gekleideten Wurm zu zeigen. Die Motive seines Handelns werden um so verständlicher. Aber immer noch geistert auf vielen Bühnen ein spartanisch gekleideter Wurm herum, dem man kein normales menschliches Bedürfnis zutraut.

Und doch ist er ein normaler Mensch mit normalen menschlichen Bedürfnissen. Je mehr wir Menschliches in ihm entdecken, um so mehr entlarven wir das Unmenschliche in ihm als das Produkt der Gesellschaft, in der er sich befindet. [...]

Die Darstellung des Wurm durch normale menschliche Haltungen, die Empfindungen wie Ehrgeiz, Eitelkeit, Liebe, Resignation, Reue und Erschütterung ausdrücken, macht die tragische Geschichte eines Menschen glaubhaft, der in schlechter Gesellschaft auch nur schlecht handeln kann; in einer humanistischen Gesellschaft könnte er mit seinen Fähigkeiten produktiv und daher nützlich sein. Und das zu zeigen wäre die Aufgabe eines Theaters, das dem Publikum verwertbare Einsichten und Ansichten vermitteln will, anleitend zur Veränderung des menschlichen Zusammenlebens.«

Theater der Zeit 20 (1965) H. 7. S. 13 f.

Über Peter Steins (geb. 1937) Bremer Inszenierung von »Kabale und Liebe« im Jahre 1967 schrieb Botho S t r a u ß (geb. 1944):

»*Peter Steins Konzeption.* Ferdinands metaphysische Verblasenheit und überhitzte Egozentrik werden weggeräumt, als eigentliche Mitte des Stücks erscheint die geschädigte Beziehung zweier Menschen. Die popularphilosophische und eschatologische Aufgipfelung hat Stein gestrichen, alle Sturm- und Drang-Zappligkeit abgestellt. Ebenso kann er auch die sozialmotzige Unruhe im Stück nicht recht ernst nehmen. Er stellt fest: in ›Kabale und Liebe‹ ist das Traurigste die Liebe. Liebe, die – aus was für Gründen immer, wahrscheinlich aus einem verquälten Absolutheitswahn – nicht mehr eins ist mit sich, in Zweifel und Verdächte auseinander fiel, die ein gefährliches Prüfspiel geworden ist. Die Gleichgültigkeit gegenüber allem, das zur Grundspannung der rettungslosen Unbedingtheiten nichts beiträgt, bringt Stein dahin, daß er mancherlei kupiert, gar verkümmern läßt. Bei den Millers (Renate Steiger, Helmut Erfurth) ist das so, aus denen macht er kaum was, aber die bieten ihm auch als Figuren nicht genug an, er will ja keinen bürgerlichen Realismus. Oder der Wurm. Der ist nun mal keine schwierige, sondern eine ziemlich nachgemachte Figur. Stein hält den Schauspieler Bruno Ganz an, einen borniert freundlichen Verwaltungsjuristen, einen korrekten deutschen Assessor mit glatt und pomadig frisiertem Haupthaar zu zeigen; seine Findigkeit hat etwas akademisch Präparientes, ist nicht mit der schulischen Psychologie des verstoßenen Liebhabers zu erklären. Für die ganze Powrigkeit dieser Figur braucht Ganz nur die viel zu kurzen Ärmel seines Rocks, aus dem er herausgewachsen ist, augenfällig zu machen.

Die Modernität entsteht an der Ideenfeindlichkeit einer pragmatisch sensiblen Szenenlogik, nach deren Maßgabe allein weggelassen, verengt, konzentriert wird. Die Prä-

3. Zur Wirkungsgeschichte im 20. Jahrhundert

gnanz der Deutlichkeit, die nicht um Haaresbreite in Überdeutlichkeit abrutscht, bestimmt Form und Kalkül dieser Aufführung.«

Theater heute 8 (1967) Nr. 12. S. 32.

Über die aufsehenerregende Berliner Inszenierung von Hans Hollmann (geb. 1933) im Jahre 1969 gibt es geteilte Meinungen. Der Theaterkritiker Ivan N a g e l (geb. 1931):

»So wäre von der Unzulänglichkeit der Berliner ›Kabale und Liebe‹-Inszenierung Hans Hollmanns im Rahmen der vergangenen Spielzeit zu sprechen. Sie gibt nicht das gedeutete Stück, sondern den Gewaltakt einer geistreich und konsequent erzwungenen Deutung dem Zuschauer als Resultat mit. Fast jede Figur hat dabei einen neuen, ideologisch und gesellschaftlich interessanten Umriß gewonnen: die pietistisch beschränkte Luise, der muffig partriarchalische Miller, der abstrakt himmelstürmende Ferdinand gehören sicherlich in die Geschichte des deutschen Sündenfalls, die wir heute rekonstruieren müssen.
Aber aus ›Gestalten‹ sind eben ›Umrisse‹ geworden; sie haben ihre konkrete Lebendigkeit verloren, die es galt zu erwecken und mit Sinn zu durchdringen. So hat die Aufführung keine *Idee*, sondern nur eine *Konzeption*. Idee, wie sie etwa in Kortners[15] Klassiker-Inszenierungen lebt, läßt sich nicht in klaren Definitionen erschöpfen; denn sie zeigt ihre Anwesenheit in der reichen, suggestiven, zur Deutung auffordernden Konfiguration aller Wirklichkeiten einer Theateraufführung an.
Konzeption läßt sich dagegen in wenigen Sätzen beschreiben; und sobald man diese Sätze gefunden hat, kennt man jede Geste und jeden Tonfall der Hollmannschen ›Kabale und Liebe‹-Figuren im voraus.«

Theater heute. Jahressonderheft 1970. S. 28.

Jürgen B e c k e l m a n n (geb. 1933) hingegen kommt zu einer ganz anderen Einschätzung:

»Alte Tanten waren empört: ›Unverschämtheit!‹ wetterten sie und meinten, so könne man doch mit Schiller nicht um-

---

15 Fritz Kortner (1892–1970), Schauspieler und Regisseur.

springen. Hans Hollmann, der Horvath[16]- und Dialektspezialist, hatte ›Kabale und Liebe‹ im Schiller-Theater großenteils auf schwäbisch, im Dialekt des Autors inszeniert. Etwa ein Drittel des Publikums stieß sich die Seele wund an der Darstellung der liebenden, leidenden Luise (Susanne Tremper, dünn an Leib und Stimme), die hier nicht nur naiv, sondern absichtlich auch ein bißchen doof wirkte: Mühsam, angestrengt und wie eingelernt spricht sie hochdeutsch, doch immer, wenn es ihr wichtig wird, fällt sie in den Dialekt zurück. Sie versucht, sich ›gebildet‹ zu geben, was der alte Miller (Holger Kepich, ein grandioser Schauspieler), erwerbstüchtig und schwäbisch gewitzt einerseits, schwäbisch dickschädelig andererseits, ja auch kritisiert: ›Das isch die Frucht von dem gottlose Läse‹; diese Luise Millerin hat die ganze Trivialliteratur ihrer Zeit konsumiert. Sie reproduziert Zitate. Bis auf wenige Momente ist sie eine ziemlich unechte Type. Um so überzeugender – in der Hilflosigkeit – sind die echten Momente; kostbare Augenblicke.
Aber jetzt zunächst zum Bühnenbild (Thomas Richter-Forgach): Wenn der Vorhang hochgeht, sieht man erstens riesige Schnallenschuhe, zweitens dicke Waden in weißen Strümpfen, drittens eine Kniehose, viertens gespreizte Schenkel, fünftens einen silberverzierten blauen Rock mit roter Schärpe und dem Adlerorden. Das ist der Fürst, der ›Landesvater‹, eine korpulente Nachahmung Friedrichs des Großen, ein Despot in Riesengestalt – sein Kopf, wenn er überhaupt einen hat, muß sich irgendwo in der Höhe des Bühnenhimmels befinden. Die Szenen vorm Schreibtisch des Präsidenten von Walter (Helmut Wildt, auf brutale Weise jovial) spielten sich zwischen den Beinen dieses auf seinem Lande lastenden Monstrums ab. Rechts und links desselben: zwei Windspiele, halbriesig, feuchten Auges zu ihrem Herrn aufblickend. Die Szenen werden unterteilt dadurch, daß die Wache aufmarschiert, exerziert, und hinter diesen militärischen Exerzitien im Stil der Zeit (militärhistorische Beratung: Werner Scholtz und Kurt Mewes) verschwinden die Schauspieler, gruppieren sich um; nur sparsames Mobiliar deutet die Handlungsorte an. Das reicht vollkommen.

16 Ödön von Horvath (1901–38), ungarischer Dramatiker.

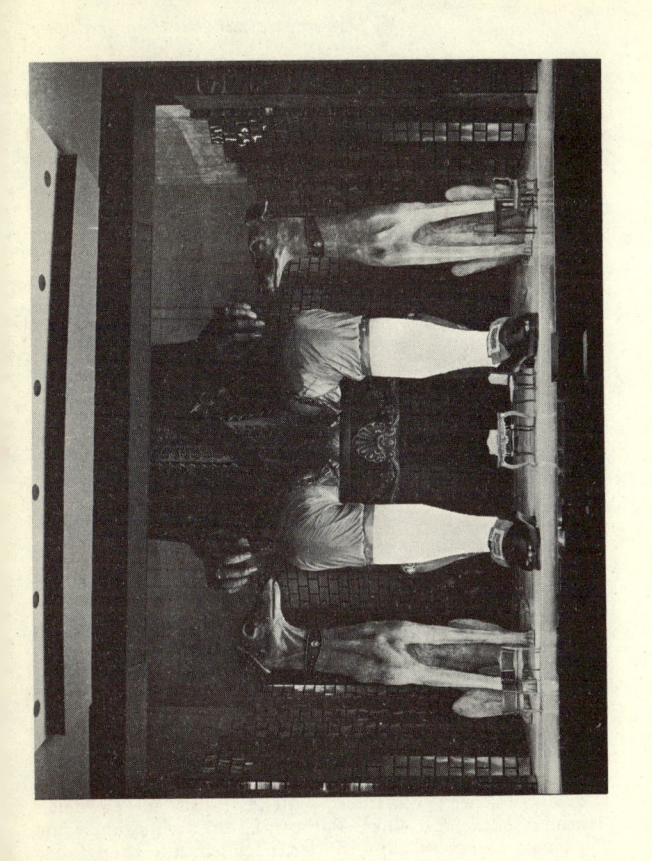

Bühnenbild zu Hollmanns Berliner Inszenierung (Foto: Horst Güldemeister)

Ferdinand (Gerd Böckmann) ist ein Wirrkopf, der viel will, aber wenig von der Realität begriffen hat, rhetorisch überaus begabt; aber selbst die beste Rhetorik ändert nun mal die Machtverhältnisse nicht. Und dann: der Wurm (Jürgen Thormann) – keine Karikatur, kein finsterer Fiesling, sondern ein manipulierter Mensch; erstmals wurde hier begreiflich, daß er als Bewerber um die Gunst Luisens und Konkurrent des Ferdinand durchaus in Frage kommt; vor dem Briefdiktat, das hier zu einer seelischen Folterszene mit sado-masochistischem Orgasmuscharakter wird, heult sich Luise an der Brust des Sekretarius aus – das ist glaubhaft: Bevor sie vernichtet werden, klammern sich Opfer an ihre Peiniger, an den letzten Menschen, mit dem sie noch Kontakt haben. Bei Sartre kann man über diese Situation fürchterliche Wahrheiten lesen.

Lady Milford (Reinhild Solf) ist beileibe nicht so untergründig edel wie üblich, sondern weithin eine Marionette ihrer Ansprüche und Ängste; wenn sie ihre Leidensgeschichte erzählt, erzählt sie eine Hurengeschichte mit den gewöhnlichen Entschuldigungen, warum alles so gekommen ist und, angeblich, nicht anders kommen konnte. Des Herzogs Kammerdiener (Rudolf Fernau), der die Geschichte von den nach England verkauften Landeskindern nicht verschweigen kann, ist so unpathetisch, wie er bisher wohl nie gespielt wurde; derart verdoppelt sich die Intensität seines Berichtes, er hat die Wucht der unbarmherzigen Stille, in welcher sich der Schleier der Lügen hebt – kurzum: ein antiklassisch gespielter, ein wieder spielbarer Schiller, ein Schiller, der wieder schockiert.

Vieles wäre noch zu rühmen: die Originalität der Regie vor allem, die vom Nachdenken herrührt [...].

Das bürgerliche Schauspiel wurde – nicht nur, aber auch – zum historischen Volksstück – mit als falsch ausgewiesener Sentimentalität, mit einem Pathos, das zu nichts führt, und mit einem Doppelselbstmord, der, nachdem alle handelnden Personen sich auf so viel halbe Echt- und halbe Falschheiten eingelassen haben, historisch gesehen begreiflich wird. Zuletzt wird die so leicht peinliche Tragödie dadurch relativiert, daß der sterbende Ferdinand sein Bein über die tote Luise legt, als wolle er sie das erste- und letztemal beschlafen. – Am Ende exerziert wieder die Wache, rechtsum,

3. Zur Wirkungsgeschichte im 20. Jahrhundert

linksum; die Despotie wird fortbestehen. Keine Hoffnung auf eine gelingende Revolution. Hollmann hat das heutige Wissen über deutsche Geschichte mit inszeniert, ein Wissen, das bei Schiller tragische Ahnung war, und so kam eine kluge, originelle Aufführung aus dem Geist der Gegenwart zustande.«

Stuttgarter Zeitung. 14. Oktober 1969.

Nachdem »Kabale und Liebe« lange Zeit auf der Bühne und in der Forschung als sozialkritisches Stück interpretiert worden war, zeigte Christof Nels Frankfurter Inszenierung aus dem Jahre 1977 einen ganz anderen Ansatz, so jedenfalls sieht es der Theaterkritiker Benjamin H e n r i c h s (geb. 1946):

»[...] diese Aufführung ist in Frankfurt eher mißmutig aufgenommen worden. Daß sie sich nur auf die Privat- und Gefühlsaffären des Stücks einlasse, die ›historische Dimension‹ vernachlässige, war der beliebteste (und bequemste) Vorwurf gegen sie.
Ich finde diesen Vorwurf falsch. Nel hat lediglich, so rigoros wie vor ihm höchstens Minks, geleugnet, daß sich von Schiller etwas über politische Geschichte lernen läßt. Der Dichter mag ein Professor für Historie gewesen sein: die Auskünfte der ›Maria Stuart‹ über englisch/schottische Geschichte sind ähnlich dubios wie die von ›Kabale und Liebe‹ über deutschen Kleinstaat-Absolutismus. Schillers ungezügelter Effektsinn, sein Pathos, seine Formulierungswollust, sein skrupelloser dramaturgischer Verstand (der, um der Spannung willen, auch vor fragwürdigsten Tricks nicht zurückschreckt) – all das macht seine Stücke als Zeugnisse für eine geschichtliche Vergangenheit höchst unglaubwürdig. Wenn etwas in diesen Stücken ›objektiv‹ aufbewahrt ist, dann ist es die Sprache, und was diese Sprache über Gefühle mitteilt. Deshalb ist es keine Koketterie, wenn Nel seine Aufführung eine ›Annäherung an Schiller‹ nennt und im Programmheft schreibt: ›Die Frage ist, ob wir noch eine Sprache haben für unsere Empfindungen. Die widersprüchliche Einheit zwischen Erlebnis und Ausdruck kennen wir nicht mehr, unser Reden ist leer geworden und unser Erleben ohne Sprache.‹

Widersprochen wird der idyllischen Betrachtung des Stücks: daß Luise und Ferdinand, die Bürgerin und der Aristokrat, unter anderen als feudalen Verhältnissen ein glückliches Paar werden könnten, Nel glaubt es nicht. Am Scheitern ihrer großen, unbedingten, ewigen Liebe ist nicht so sehr ein sozialer Mißstand schuld, sondern viel mehr die Eigenart dieser Liebe selber. Die beiden (das klingt verstiegen, wird aber durch ihr verstiegenes Reden glaubhaft) sind gerade in die Unmöglichkeit ihrer Liebe verliebt. Eine Liebesgeschichte, die nur im Himmel (oder an einem anderen abstrakten Ort) wirklich werden kann, weil ihr auf Erden nicht zu helfen ist. Zwei ›Kinder, die aus dem Leben gehen, um leben zu können‹ (Nel): Indem die Aufführung davon erzählt, ist sie sehr wohl ein Beitrag zur deutschen Geschichte, Gefühlsgeschichte.
Der Ferdinand (Michael Altmann) ist ein Mensch, der ganz elegisch aussehen kann und ziemlich brutal: schöne Seele und blonde Bestie, ganz nahe beisammen. Er wie die Luise (Martina Krauel) haben diese bleichen, ewig angespannten, überspannten Gesichter – Zeugen eines Gefühls, in dem es nur Qualen gibt, gar keine Heiterkeit: etwas anderes als ihr Unglück können sie sich gar nicht vorstellen. Am Ende freilich verändert sich die Geschichte: Der Mann wird zunehmend hysterischer, das Mädchen klarer im Kopf. Erschöpfungszustände: Ferdinand prügelt die Luise, erst mit seinem Mantel, dann mit den Händen; inmitten der Katastrophe wird das Mädchen plötzlich müde, unwirsch, muß gähnen sogar. In der Szene mit der Lady Milford (Rotraut de Neve) hatte man vorher gesehen, daß dieser Ferdinand ein sehr deutscher Jüngling ist, aber keiner, wie das deutsche Theater sich seine deutschen Jünglinge vorstellt: So sehr hatte ihn die Lebensgeschichte der Frau erschüttert, ihre Lust auf ihn verwirrt, daß er sie beinahe anfaßt, beinahe küßt. ›Ich liebe‹, sagt er, und dies klingt noch ganz zweideutig, könnte auch die Milford meinen. Dann rettet er sich kopfüber in ein Geständnis: ›Ich liebe ein bürgerliches Mädchen.‹
Dies ist eine der Aufführungen, die einen nicht zur Bewunderung zwingen, sondern zum Nacherzählen anregen. Sicher, vieles vom Stück geht verloren; der Präsident zum Beispiel (Horst-Christian Beckmann) bleibt eine ganz uner-

kennbare Figur: ein joviales, selbstzufriedenes Lebemännchen, aber was noch?
Eine leere Bühne (Erich Wonder), eine breite, gelb-rote Rückwand, darüber Jalousien; vom Zuschauerraum aus sind zwei silberne, fernrohrartige Riesenscheinwerfer auf die Bühne gerichtet. Auf der Bühne stehen ein paar Stühle, mehr nicht. Manchmal sitzen die Schauspieler sehr lange auf diesen Stühlen, sprechen nachdenklich Schillers Sätze, wie in einem szenischen Konzert – müssen nicht dauernd mit irgendwelchen hochdramatischen Gebärden aufeinander losgehen. Manchmal, bei den großen Zuspitzungen (der Präsident im Hause der Millers) gibt es ein heftiges, chaotisch-komisches Durcheinanderrennen. Viel Statuarik, manchmal Slapstick: Das sind kühne, vielleicht zu kühne, weil zu formbewußte Arrangements; kühner ist, mit welcher Betroffenheit und Heftigkeit der Regisseur und die Schauspieler Figuren anschauen, in deren Geschichte die eigene Geschichte suchen. Und wie offen, bruchstückhaft, auch unzulänglich sie von ihren Erfahrungen mit dem Text erzählen. ›Wir verstehen Schiller als Aufforderung, uns zu ändern‹ (Christof Nel) – so sehr Liebhaber, so wenig Oberlehrer, hat sich lange kein junger Regisseur mehr einem alten Stück genähert.«

Die Zeit. Nr. 27. 24. Juni 1977.

VI. Texte zur Diskussion

Die Situation der untersten Volksschichten im absolutistischen Staat spiegelt sich in folgenden zeitgenössischen Texten.

Gottfried August B ü r g e r (1747–94):

Der Bauer an seinen durchlauchtigen Tyrannen (1773)

> Wer bist du, Fürst, daß ohne Scheu
> Zerrollen mich dein Wagenrad,
> Zerschlagen darf dein Roß?
>
> Wer bist du, Fürst, daß in mein Fleisch
> Dein Freund, dein Jagdhund, ungebleut
> Darf Klau' und Rachen haun?
>
> Wer bist du, daß durch Saat und Forst
> Das Hurra deiner Jagd mich treibt,
> Entatmet, wie das Wild? –
>
> Die Saat, so deine Jagd zertritt,
> Was Roß und Hund und du verschlingst,
> Das Brot, du Fürst, ist mein.
>
> Du, Fürst, hast nicht, bei Egg' und Pflug,
> Hast nicht den Erntetag durchschwitzt.
> Mein, mein ist Fleiß und Brot!
>
> Ha! Du wärst Obrigkeit von Gott?
> Gott spendet Segen aus; du raubst!
> Du nicht von Gott, Tyrann!

> > Bürger: Gedichte. Ausgew. und mit einem Nachw. von Jost Hermand. Stuttgart: Reclam, o. J. (Universal-Bibliothek. 227.) S. 58.

VI. Texte zur Diskussion

Johann Anton L e i s e w i t z (1752–1806):

Die Pfändung (1775)

*Ein Bauer und seine Frau
Abends in ihrer Schlafkammer*

D e r M a n n. Frau, liegst du? so thu' ich das Licht aus. Dehne dich zu guter letzt noch einmal recht in deinem Bette. Morgen wird's gepfändet. Der Fürst hat's verpraßt.

D i e F r a u. Lieber Gott!

D e r M a n n *(indem er sich niederlegt)*. Bedenk' einmal das wenige, was wir ihm gegeben haben, gegen das Geld, was er durchbringt; so reicht es kaum zu einem Trunke seines köstlichen Weins zu.

D i e F r a u. Das ist erschrecklich, wegen eines Trunkes zwei Leute unglücklich zu machen! Und das thut einer, der nicht einmal durstig ist! Die Fürsten können ja nie recht durstig seyn.

D e r M a n n. Aber wahrhaftig! wenn auch in dem Kirchengebet das kommt: »Unsern durchlauchtigen Landesherrn und sein hohes Haus,« so kann ich nicht mit beten. Das hieße Gott spotten, und er läßt sich nicht spotten.

D i e F r a u. Freilich nicht! – Ach! ich bin in diesem Bette geboren, und, Wilhelm, Wilhelm! es ist unser Brautbett!

D e r M a n n *(springt auf)*. Bedächte ich nicht meine arme Seele, so nähm' ich mir ein Strumpfband, betete ein gläubig Vaterunser und hinge mich an diesen Bettpfosten.

D i e F r a u *(schlägt ein Kreuz)*. Gott sey mit uns! – Da hättest du dich schön gerächt!

D e r M a n n. Meinst du nicht? – Wenn ich so stürbe, so würdest du doch wenigstens einmal seufzen!

D i e F r a u. Ach Mann!

D e r M a n n. Und unser Junge würde schreien! Nicht?

D i e F r a u. Gewiß!

D e r M a n n. Gut! An jenem Tage[1] ich, dieses Seufzen und Schreien auf einer Seite – der Fürst auf der andern! Ich dächte, ich wäre gerächt.

D i e F r a u. Wenn Du an jenen Tag denkst, wie kannst du so reden? Da seyd ihr, der Fürst und du, ja einander gleich.

1 am Tag des Jüngsten Gerichts.

Der Mann. Das wolle Gott nicht! Siehe, ich gehe aus der Welt, wie ich über Feld gehe, allein, als ein armer Mann. Aber der Fürst geht heraus, wie er reis't, in einem großen Gefolge. Denn alle Flüche, Gewinsel und Seufzer, die er auf sich lud, folgen ihm nach.

Die Frau. Desto besser! — So sieh doch dies Leben als einen heißen Erntetag an! — Darauf schmeckt die Ruhe so süß; und dort ist Ruhe von Ewigkeit zu Ewigkeit.

Der Mann *(legt sich wieder nieder).* Amen! Du hast Recht, Frau. Lass' sie das Bette nehmen, die Unsterblichkeit können sie mir doch nicht nehmen! Schlaf wohl.

Die Frau. Und der Fürst und der Vogt sind ja auch unsterblich. — Gute Nacht! Ach, morgen Abend sagen wir uns die auf der Erde.

Leisewitz: Sämmtliche Schriften. Braunschweig: Leibrock, 1838. S. 3—5.

Anonymer Verfasser:

Gott schuf den Menschen völlig frei (1790)

Ihr Bauern hier im Sachsenland
Erlegt das Wild mit eigner Hand,
Ihr tötet Hirsche, Reh' und Schweine,
Ein jeder spricht: die Jagd ist meine,
Ihr waget Leben, Gut und Blut.
Woher nehmt Ihr doch solchen Mut?
Ihr sagt, man hört nicht unsre Klagen.
Wenn wir es gleich dem Fürsten sagen,
Das Wild verwüstet Feld und Saat,
Wenn wir gleich wachen früh und spat.

Viel Steuern haben wir zu geben,
Kind und Gesinde wollen leben,
Drum machen wir uns selber Jagd,
Es wird niemand darum gefragt.
Gott, der des Menschen Würde kennt,
Bei Adam dort uns alle nennt:
Herrscht über Vieh in Feld und Wald!
Ich schuf's zu euerm Unterhalt,
Ihr mögt die Tiere schlachten und essen,
Nur sollt Ihr meiner nicht vergessen!

VI. Texte zur Diskussion

> Hier liest man nicht von Sklaverei,
> Gott schuf den Menschen völlig frei.
> Freiheit ist ihm von Gott gegeben,
> Darüber läßt er Leib und Leben,
> Wir schreiben uns von Adam her,
> Wer ist, der nicht von Adam wär?
> Kommt her, ihr stolzen Edelleute!
> Wir haben Gottes Wort zur Seite.
>
> Formen oppositioneller Literatur in Deutschland. Hrsg. von Bernd Ogan. Stuttgart: Reclam, 1975 u. ö. (Universal-Bibliothek. 9520 [2].) S. 15 f.

Von philosophischer Seite her formuliert Johann Gottlieb Fichte (1762–1814) Gedanken über den Widerstand gegen Fürstenwillkür und zur Wiedererlangung der menschlichen Freiheit. Er schreibt in seiner Rede »Zurückforderung der Denkfreiheit von den Fürsten Europens, die sie bisher unterdrückten« (1793):

»Die Zeiten der Barbarei sind vorbei, ihr Völker, wo man euch im Namen Gottes anzukündigen wagte, ihr seiet Herden Vieh, die Gott deswegen auf die Erde gesetzt habe, um einem Dutzend Göttersöhnen zum Tragen ihrer Lasten, zu Knechten und Mägden ihrer Bequemlichkeit, und endlich zum Abschlachten zu dienen; daß Gott sein unbezweifeltes Eigentumsrecht über euch an diese übertragen habe, und daß sie kraft eines göttlichen Rechts, und als seine Stellvertreter, euch für eure Sünden peinigten. [...] Auf solche Vorspiegelungen hört ihr nicht weiter; ihr wagt es, den Fürsten, der euch beherrschen will, zu fragen, *mit welchem Rechte* er über euch herrsche? [...]

Der Mensch kann weder ererbt, noch verkauft, noch verschenkt werden; er kann niemandes Eigentum sein, weil er sein eigenes Eigentum ist, und bleiben muß. Er trägt tief in seiner Brust einen Götterfunken, der ihn über die Tierheit erhöht und ihn zum Mitbürger einer Welt macht, deren erstes Mitglied Gott ist, – sein Gewissen. Dieses gebietet ihm schlechthin und unbedingt – dieses zu wollen, jenes nicht zu wollen; und dies *frei* und *aus eigener Bewegung*, ohne allen Zwang außer ihm. Soll er dieser inneren Stimme gehorchen – und sie gebietet dies schlechterdings – so muß er auch von

außen nicht gezwungen, so muß er von allem fremden Einflusse befreit werden. Es darf mithin kein Fremder über ihn schalten; er selbst muß es, nach Maßgabe des Gesetzes in ihm, tun: er ist frei und muß frei bleiben; nichts darf ihm gebieten, als dieses Gesetz in ihm, denn es ist sein alleiniges Gesetz – und er widerspricht diesem Gesetze, wenn er sich ein anderes aufdringen läßt – die Menschheit in ihm wird vernichtet, und er zur Klasse der Tiere herabgewürdigt.
Ist dieses Gesetz sein alleiniges Gesetz, so darf er allenthalben, wo dieses Gesetz nicht redet, tun, was er will; er hat *ein Recht* zu allem, was durch dieses alleinige Gesetz *nicht verboten* ist. Nun gehört aber auch das, ohne welches überhaupt kein Gesetz möglich ist, *Freiheit* und *Persönlichkeit*, ferner das im Gesetze *Befohlene* in den Bezirk des *Nichtverbotenen*; man kann mithin sagen, der Mensch hat ein Recht zu den Bedingungen, unter denen allein er pflichtmäßig handeln kann, und zu den Handlungen, die seine Pflicht erfordert. Solche Rechte sind nie aufzugeben; sie sind *unveräußerlich*. Sie zu veräußern, haben wir kein Recht. [...]
Das Recht des freien Nehmens alles desjenigen, was brauchbar für uns ist, ist ein Bestandteil unserer Persönlichkeit; es gehört zu unserer Bestimmung, frei alles dasjenige zu brauchen, was zu unserer geistigen und sittlichen Bildung offen für uns daliegt; ohne diese Bedingung wäre Freiheit und Moralität ein unbrauchbares Geschenk für uns. Eine der reichhaltigsten Quellen unserer Belehrung und Bildung ist die Mitteilung von Geiste zu Geiste. Das Recht aus dieser Quelle zu schöpfen, können wir nicht aufgeben, ohne unsere Geistigkeit, unsere Freiheit und Persönlichkeit aufzugeben [...].
Freie Untersuchung jedes möglichen Objekts des Nachdenkens, nach jeder möglichen Richtung hin, und ins Unbegrenzte hinaus, ist ohne Zweifel ein Menschenrecht. Niemand darf seine Wahl, seine Richtung, seine Grenzen bestimmen, als er selbst. [...] Es ist Bestimmung seiner Vernunft, keine absolute Grenze anzuerkennen; und dadurch wird sie erst Vernunft, und er dadurch erst ein vernünftiges, freies, selbständiges Wesen. Mithin ist Nachforschen ins Unbegrenzte *unveräußerliches* Menschenrecht. [...]
Ihr erschreckt über die Kühnheit meiner Folgerungen,

VI. Texte zur Diskussion

Freunde und Diener der alten Finsternis; denn Leute eurer Art sind leicht zu erschrecken. Ihr hofftet, daß ich wenigstens noch ein bedächtliches ›insofern freilich‹ mir vorbehalten, noch ein kleines Hintertürchen für euren Religionseid, für eure symbolischen Bücher, u. s. f. offengelassen hätte. [...] Ihr werdet euch von nun an allmählich daran gewöhnen müssen, die Wahrheit ohne Hülle zu erblicken. [...] Warum scheuet ihr euch denn so vor der plötzlich hereinbrechenden Erleuchtung, die entstehen würde, wenn jeder aufklären dürfte, soviel er könnte? [...] Euch, und eure euch so sehr am Herzen liegenden Zöglinge werden eure blöden Augen schon in einer behaglichen Dämmerung erhalten; ja, es wird zu eurem Troste noch finsterer um euch werden. Ihr müßt das ja aus Erfahrung wissen. Ist es nicht, seit der starken Beleuchtung, die besonders seit einem Jahrzehend auf die Wissenschaften fiel, noch viel verworrener in euren Köpfen geworden, als zuvor? [...]
Und besonders – lernt doch endlich kennen eure wahren Feinde, die einzigen Majestätsverbrecher, die einzigen Schänder eurer geheiligten Rechte und eurer Personen. Es sind diejenigen, die euch anraten, eure Völker in der Blindheit und Unwissenheit zu lassen, neue Irrtümer unter sie auszustreuen, und die alten aufrechtzuerhalten, die freie Untersuchung aller Art zu hindern und zu verbieten. Sie halten eure Reiche für Reiche der Finsternis, die im Lichte schlechterdings nicht bestehen können. Sie glauben, daß eure Ansprüche sich nur unter der Hülle der Nacht ausüben lassen, und daß ihr nur unter Geblendeten und Betörten herrschen könnt. Wer einem Fürsten anrät, den Fortgang der Aufklärung unter seinem Volke zu hemmen, sagt ihm ins Angesicht: deine Forderungen sind von der Art, daß sie den gesunden Menschenverstand empören, du mußt ihn unterdrücken; deine Grundsätze und deine Handlungsarten leiden kein Licht; laß deinen Untertan nicht erleuchteter werden, sonst wird er dich verwünschen; deine Verstandeskräfte sind schwach; laß das Volk ja nicht klüger werden, sonst übersieht es dich; Finsternis und Nacht ist dein Element, das mußt du um dich her zu verbreiten suchen; vor dem Tage müßtest du entfliehen.
Nur diejenigen haben wahres Zutrauen und wahre Achtung gegen euch, die euch anraten, Erleuchtung um euch her zu

verbreiten. Sie halten eure Ansprüche für so gegründet, daß keine Beleuchtung ihnen schaden könne, eure Absichten für so gut, daß sie in jedem Lichte nur noch mehr gewinnen müssen, euer Herz für so edel, daß ihr selbst den Anblick eurer Fehltritte in diesem Lichte ertragen, und wünschen würdet, sie zu erblicken, damit ihr sie verbessern könntet. Sie verlangen von euch, daß ihr, wie die Gottheit, im Lichte wohnen sollt, um alle Menschen zu eurer Verehrung und Liebe einzuladen. Nur sie hört, und sie werden ungelobt und unbezahlt euch ihren Rat erteilen.«

Formen oppositioneller Literatur. S. 8–11.

Die flammendste Anklage gegen den Menschenhandel der deutschen Fürsten enthält eine Flugschrift aus dem Jahre 1777, die von Honoré Gabriel Victor Riquetti Graf von Mirabeau (1749–91), dem späteren Führer der Französischen Revolution, stammt. Sie trägt den Titel »Rath an die Hessen und die übrigen von ihren Fürsten an England verkauften Völker Deutschlands«:

»Unerschrockene Deutsche! Welches Schandmal laßt Ihr Euch auf Eure edle Stirne brennen? Ist es dahin gekommen, daß am Ende des achtzehnten Jahrhunderts die Völker Mittel-Europa's die Söldlinge eines verhaßten Despotismus spielen? Ist es dahin gekommen, daß die braven Deutschen, die ihre eigene Freiheit so verzweifelt gegen die Eroberer der Welt vertheidigten und den römischen Heeren Trotz boten, gleich elenden Negern verkauft werden und ihr Blut im Interesse der Tyrannen zu verspritzen suchen? Ist es dahin gekommen, daß unter Euch Menschenhandel getrieben, Eure Städte entvölkert, und Eure Lande ausgesaugt werden, um übermüthige Lords in der Verwüstung einer anderen Hemisphäre[2] zu unterstützen? Wollt Ihr die blinde Verstocktheit Eurer Herren noch länger theilen? Ihr, wackere Soldaten! Die treuen und festen Stützen ihrer Macht! jener Macht, die ihnen nur zum Schutze ihrer Unterthanen anvertraut wurde! Ihr seid verkauft und für welchen Zweck? Gerechter Himmel! Wie Vieh in fremden Schiffen zusammengepfercht, werdet Ihr über's Meer geführt! Ihr trotzt den Klippen und Stürmen, um gegen Leute zu kämpfen, die

2 Erdhälfte, Halbkugel.

VI. Texte zur Diskussion

Euch nicht gekränkt haben, die eine gerechte Sache verfechten und die Euch das herrlichste Beispiel geben! Ach! warum ahmt Ihr sie nicht nach, diese muthigen Männer, anstatt daß Ihr sie zu verderben sucht? Sie brechen ihre Ketten, sie kämpfen für die Wahrung ihrer natürlichen Rechte, für die Sicherung ihrer Freiheit. Sie reichen Euch die Hand entgegen; sie sind Eure Brüder; die Natur hat sie dazu gemacht und gesellige Bande haben diesen heiligen Titel bestätigt. Mehr als die Hälfte dieses Volkes besteht aus Euren Landsleuten, Freunden und Verwandten. Sie sind bis an's Ende der Erde geflohen, um der Tyrannei zu entgehen, und die Tyrannei verfolgt sie bis dahin. Unterdrücker, die ebenso habgierig als undankbar sind, haben Ketten für sie geschmiedet und die hochsinnigen Amerikaner haben Waffen aus diesen Ketten geschmiedet, zum Widerstande gegen die Unterdrücker. Die neue Welt steht daher im Begriffe, Euch zu den Ungeheuern zu zählen, welche aus Geld- und Blutdurst verheert haben! Deutsche, die Ihr Euch immer durch Biederkeit auszeichnetet, schreckt Ihr nicht zurück vor einem solchen Vorwurfe? [...]

Wollt Ihr die wahren Beweggründe kennen lernen, welche Euch die Waffen in die Hand gaben? Eitler Luxus und übermäßige Verschwendung haben die Finanzen der Fürsten, die Euch beherrschen, zu Grunde gerichtet. Ihre Hülfsquellen sind erschöpft und das Vertrauen ihrer Nachbaren haben sie zu oft getäuscht, als daß sie sich von Neuem an sie wenden könnten. Um es wiederzugewinnen, müßten sie auf jene verschwenderischen Ausgaben und auf die tollen Genüsse verzichten, deren Befriedigung ihre wichtigste Beschäftigung ist. Dazu können sie sich nicht entschließen, das wollen sie nicht thun. England braucht Soldaten und Geld und kauft beides zu theueren Preisen. Eure Fürsten beuten dieses augenblickliche Bedürfniß mit der größten Gier aus; sie heben Truppen aus, verkaufen sie und liefern sie ab. Das ist die Bestimmung Eurer Armee, dies das Ziel, dem Ihr entgegen geht. Euer Blut ist der Preis der Verderbtheit und der Spielball des Ehrgeizes. Das Geld, welches der Schacher mit Eurem Leben einträgt, wird zur Bezahlung schändlicher Schulden verwendet oder zur Kontrahirung[3] neuer benutzt werden. Ein gieriger Wucherer, eine veräch-

---

3 Vereinbarung, Abschluß.

liche Maitresse oder ein gemeiner Komödiant wird die Guineen[4] in die Tasche schieben, welche gegen Euer Leben eingetauscht wurden.
O Ihr blinden Verschwender, die Ihr mit Menschenleben spielt und die Früchte ihrer Arbeit und ihres Schweißes vergeudet, späte Reue und nagende Gewissensbisse werden Eure Henker sein; aber diese können das Volk nicht trösten, das Ihr unter Eure Füße tretet. Ihr werdet Eure Arbeiter und deren Ernten, Eure Soldaten und Unterthanen vermissen, Ihr werdet weinen über das Unheil, dessen Urheber Ihr gewesen und das Euch selbst wie Euer ganzes Volk erdrükken wird. Ein furchtbarer Nachbar lacht über Eure Blindheit und bereitet sich vor, daraus Nutzen zu ziehen. Er schmiedet bereits die Ketten, in die er Euch schlagen wird; Ihr werdet unter der Last seines Joches seufzen und Euer Gewissen, welches dann gerechter sein wird als Euer fühlloses Herz, wird die rächende Furie des Übels sein, welches Ihr gethan habt.«

Zitiert nach: Friedrich Kapp: Der Soldatenhandel deutscher Fürsten nach Amerika. Berlin: Springer, ²1874. S. 190-194.

Im Bereich des Theaters vollzog sich im 18. Jahrhundert eine Entwicklung, die mit der im politischen Raum zumindest vergleichbar ist. Hier ging es um die Frage, ob der bürgerliche Stand auf dem Theater Heldenrollen verkörpern könne. Über dieses vieldiskutierte Thema schreibt der Literaturkritiker Friedrich Nicolai (1733–1811) in seiner »Abhandlung vom Trauerspiele« (1757/58):

»Die vornehmste Eigenschaft, welche zu einer tragischen Handlung erfordert wird, ist ihre tragische *Größe*. Wir können nicht, wie die meisten Kunstrichter gethan haben, nur diejenigen Handlungen für tragisch groß halten, welche von erhabenen Personen verrichtet werden. Eine Handlung bleibet eben dieselbe, es mag sie verrichten wer es sey, ob sie gleich durch den Glanz der handelnden Person in ein neues Licht gesetzet werden kann. Die Größe einer tragischen Handlung muß also in ihr selbst liegen, und sie wird alsdenn tragisch groß seyn, wenn sie geschickt ist, heftige Leidenschaften zu erregen. Wenn sie dieses vermag, so ist

4 Guinee, englische Goldmünze.

VI. Texte zur Diskussion

es nicht nur offenbar, daß sie zum Trauerspiel geschickt ist, sondern es folgt auch natürlich, daß sie keine von den schlechten und geringen Handlungen seyn könne, die keine merkliche Wirkungen haben; indem der Held eines Trauerspiels niemals eine geringe und gemeine Person ist, sondern entweder durch seinen Stand, oder durch seine Gesinnungen, oder durch sein Unglück, wichtig und interessirend wird. Es haben verschiedene unter den Deutschen, die sich unterfangen haben, Trauerspiele zu machen, in denen ein bürgerliches Interesse ist und bürgerliche Personen auftreten, wider diese Regel gesündiget; zuweilen sind ihre Handlungen nicht geschickt heftige Leidenschaften zu erregen, sondern nur bloß Moral zu lehren; zuweilen sind sie gar an sich komisch, oder mit komischen Nebenhandlungen untermischet. Wider eben diese Regel fehlen diejenigen, die zur unrechten Zeit die Liebe in ihre Trauerspiele bringen; eine tragische Handlung muß durchaus tragisch seyn; dasjenige, das die Leidenschaften, die sie erregen soll, schwächet, ist eben so schlecht, als dasjenige, das gar nicht geschickt ist, heftige Leidenschaften in uns hervorzubringen.«

> Nicolai: Abhandlung vom Trauerspiele. In: Lessings Briefwechsel mit Mendelssohn und Nicolai über das Trauerspiel. Nebst verwandter Schriften Nicolais und Mendelssohns. Hrsg. von Robert Petsch. Leipzig: Dürr, 1910. S. 13.

Von großer Bedeutung für diese Diskussion waren Gedanken des französischen Schriftstellers und Philosophen Denis Diderot (1713–84). In Deutschland hat sich vor allem Gotthold Ephraim Lessing (1729–81), der Schöpfer des deutschen bürgerlichen Trauerspiels, mit Diderot auseinandergesetzt und auch zwei von Diderots Stücken (»Le père de famille« und »Le fils naturel«) mit den entsprechenden Erläuterungen 1760 übersetzt. Zu »Le fils naturel« schreibt Diderot:

»Bisher ist in der Komödie der Charakter das Hauptwerk gewesen; und der Stand war nur etwas Zufälliges: nun aber muß der Stand das Hauptwerk, und der Charakter das Zufällige werden. Aus dem Charakter zog man die ganze Intrige. Man suchte durchgängig die Umstände, in welchen er sich am besten äußert, und verband diese Umstände

untereinander. Künftig muß der Stand, müssen die Pflichten, die Vorteile, die Unbequemlichkeiten desselben zur Grundlage des Werks dienen. Diese Quelle scheinet mir weit ergiebiger, von weit größerm Umfange, von weit größerm Nutzen, als die Quelle der Charaktere. War der Charakter nur ein wenig übertrieben, so konnte der Zuschauer zu sich selbst sagen: das bin ich nicht. Das aber kann er unmöglich leugnen, daß der Stand, den man spielt, sein Stand ist; seine Pflichten kann er unmöglich verkennen. Er muß das, was er hört, notwendig auf sich anwenden. [...]
Sagen Sie mir, sind die Pflichten der Stände, ihre Vorteile, ihre Unbequemlichkeiten, ihre Gefahren auf die Bühne gebracht worden? Ist das die Grundlage zu der Intrige, zu der Moral unserer Stücke? Oder zeigen uns vielleicht diese Pflichten, diese Vorteile, diese Unbequemlichkeiten, diese Gefahren die Menschen nicht täglich in den größten Verlegenheiten?
›Sie wollten also, daß man den Gelehrten, den Philosophen, den Kaufmann, den Richter, den Sachwalter, den Staatsmann, den Bürger[5], den großen Herren, den Statthalter spiele?‹
Setzen Sie hierzu noch alle Verwandtschaften: den Hausvater, den Ehemann, die Schwester, die Brüder. Den Hausvater[6]! Welch ein Stoff zu unsern itzigen Zeiten, wo man kaum die geringste Idee mehr hat, was ein Hausvater ist!
Bedenken Sie, daß täglich neue Stände entstehen. Bedenken Sie, daß uns vielleicht nichts unbekannter ist als die Stände, und daß nichts stärker interessieren sollte als sie. Jeder hat seinen gewissen Stand in der bürgerlichen Gesellschaft, jeder hat mit Menschen aus allerlei Ständen zu tun.
Die Stände! Wieviel wichtige Ausführungen, wieviel öffentliche und häusliche Verrichtungen, wieviel unbekannte Wahrheiten, wieviel neue Situationen sind aus dieser Quelle zu schöpfen. Und gibt es unter den Ständen nicht ebensowohl einen Kontrast als unter den Charakteren? Kann sie der Dichter einander nicht ebensowohl entgegensetzen?«

                        Lessings Werke. Hrsg. von Julius Petersen und Waldemar von Olshausen. Bd. 11: Das Theater des Herrn Diderot. Berlin/Leipzig/Wien/Stuttgart: Bong, [1926]. S. 149–151.

5 bei Diderot: Beamter.
6 »Le père de famille« erschien ein Jahr nach diesen Ausführungen.

VII. Literaturhinweise

1. Ausgaben

Kabale und Liebe. Ein bürgerliches Trauerspiel in fünf Aufzügen von Fridrich Schiller. Mannheim, in der Schwanischen Hofbuchhandlung, 1784.
Kabale und Liebe. Ein bürgerliches Trauerspiel in fünf Aufzügen von Fridrich Schiller. Frankfurt und Leipzig. 1784.

Schillers Werke. Nationalausgabe. Bd. 5: Kabale und Liebe. Kleine Dramen. Hrsg. von Heinz Otto Burger und Walter Höllerer. Weimar: Böhlau, 1957. [Zit. als: NA.]
Schillers »Kabale und Liebe«. Das Mannheimer Soufflierbuch. Hrsg. und interpretiert von Herbert Kraft. Mannheim: Bibliographisches Institut, 1963. (Forschungen zur Geschichte Mannheims und der Pfalz. 3.)
Schillers »Kabale und Liebe«. Kritische Ausgabe. Hrsg. von Herbert Kraft. Mannheim: Bibliographisches Institut, 1967.

2. Forschungsliteratur

Abusch, Alexander: Schiller. Größe und Tragik eines deutschen Genius. Berlin 1955.
Auerbach, Erich: Musikus Miller. In: E. A.: Mimesis. Dargestellte Wirklichkeit in der abendländischen Literatur. Bern ⁵1971. S. 404–421.
Barry, Thomas F.: Love and the politics of paternalism. Image of the father in Schiller's »Kabale und Liebe«. In: Colloquia Germanica 22 (1989) S. 21–37.
Baur, Wilfried: Rückzug und Reflexion in kritischer und aufklärender Absicht. Schillers Ethik und Ästhetik und ihre künstlerische Gestalt im Drama. Frankfurt a. M. 1987.
Beck, Adolf: Die Krisis des Menschen im Drama des jungen Schiller. In: Euphorion 49 (1955) S. 163–202.
Bergen, Ingeborg: Biblische Thematik und Sprache im Werk des jungen Schiller. Einflüsse des Pietismus. Mainz 1967.
Binder, Wolfgang: Friedrich Schiller, Kabale und Liebe. In: Das deutsche Drama vom Barock bis zur Gegenwart. Interpretationen. Hrsg. von Benno von Wiese. Bd. 1. Düsseldorf 1958. S. 248–268.
Böckmann, Paul: Die innere Form in Schillers Jugenddramen. In: Dichtung und Volkstum 35 (1934) S. 439–480.
– Die pathetische Ausdrucksform in Schillers Jugenddramen. In: P. B.: Formgeschichte der deutschen Dichtung. Bd. 1. Hamburg 1949. S. 668–694.
– Politik und Dichtung im Werk Friedrich Schillers. In: Schiller. Reden

im Gedenkjahr 1955. Hrsg. von Bernhard Zeller. Stuttgart 1955. S. 191–213.
Burger, Heinz Otto: Die bürgerliche Sitte. Schillers »Kabale und Liebe«. In: H. O. B.: »Dasein heißt eine Rolle spielen«. Studien zur deutschen Literaturgeschichte. München 1963. S. 194–210.
Castle, Eduard: Die dramatische Achse in »Kabale und Liebe«. In: Analecta Schilleriana 1959. S. 134 f.
Clasen, Thomas: »Nicht mein Geschlecht beschwöre! Nenne mich nicht Weib«. Zur Darstellung der Frau in Schillers »Frauen-Dramen«. In: Schiller. Vorträge aus Anlaß seines 225. Geburtstages. Frankfurt a. M. 1991. S. 89–111.
Daly, Peter M. / Lappe, Claus O.: Text- und Variantenkonkordanz zu Schillers »Kabale und Liebe«. Berlin 1976.
Daunicht, Richard: Die Entstehung des bürgerlichen Trauerspiels in Deutschland. Berlin 1963. (Quellen und Forschungen zur Sprach- und Kulturgeschichte der germanischen Völker. N. F. Bd. 8.)
Duncan, Bruce: »An Worte läßt sich trefflich glauben.« Die Sprache der Luise Millerin. In: Friedrich Schiller. Kunst, Humanität und Politik in der späten Aufklärung. Ein Symposion. Hrsg. von Wolfgang Wittkowski. Tübingen 1982. S. 26–32.
Fingerhut, Karlheinz: 15. 4. 1784: Erstaufführung von »Kabale und Liebe« am Mannheimer Nationaltheater. Eine Zusammenstellung. In: Der Deutschunterricht 36 (1984) S. 112–117.
Graf, Günter: Sprechakttheorie und poetischer Dialog. Methodenansatz zur Drameninterpretation. Exemplarisch dargestellt an der Szene 1,7 aus Friedrich Schillers »Kabale und Liebe«. In: Wirkendes Wort 30 (1980) S. 206–222.
Gruenther, Rainer: Despotismus und Empfindsamkeit. Zu Schillers »Kabale und Liebe«. In: Jahrbuch des Freien Deutschen Hochstifts. 1981. S. 207–227.
Guthke, Karl S.: Kabale und Liebe. In: Interpretationen: Schillers Dramen. Stuttgart 1992. S. 105–158.
Harrison, R. B.: The fall and redemption of man in Schiller's »Kabale und Liebe«. In: German Life and Letters 35 (1981) S. 5–13.
Herrmann, Hans Peter: Musikmeister Miller, die Emanzipation der Töchter und der dritte Ort der Liebenden. Schillers bürgerliches Trauerspiel im 18. Jahrhundert. In: Jahrbuch der Deutschen Schillergesellschaft. 1984. S. 223–247.
Jai Mansouri, Rachid: Die Darstellung der Frau in Schillers Dramen. Frankfurt a. M. 1988.
Janz, Rolf-Peter: Schillers »Kabale und Liebe« als bürgerliches Trauerspiel. In: Jahrbuch der Deutschen Schillergesellschaft 20 (1976) S. 208 bis 228.
Kluge, Gerhard: Über die Notwendigkeit der Kommentierung kleinerer Regie- und Spielanweisungen in Schillers frühen Dramen. In: editio 3 (1989) S. 90–97.
Koopmann, Helmut: »Kabale und Liebe« als Drama der Aufklärung. In:

Verlorene Klassik? Ein Symposium. Hrsg. von Wolfgang Wittkowski. Tübingen 1986. S. 286–308.
Kraft, Herbert: Die dichterische Form der »Luise Millerin«. In: Zeitschrift für deutsche Philologie 85 (1966) S. 7–21.
– Schillers »Kabale und Liebe«. Über »Die Schranken des Unterschieds«. In: Bild – Sprache. Texte zwischen Dichten und Denken. Leuven 1990. S. 99–107.
Linn, Rolf N.: Schillers junge Idealisten. Berkeley/London 1973. (University of California Publications in modern philology. 106.)
Lohmann, Knut: Schiller. Kabale und Liebe. In: Germanistik in Forschung und Lehre. Die Vorträge und Diskussionen des Germanistentags 1964. Hrsg. von Rudolf Henss und Hugo Moser. Berlin 1965. S. 124–129.
Malsch, Wilfried: Der betrogene Deus iratus in Schillers Drama »Luise Millerin«. In: Collegium Philosophicum. Festschrift für Joachim Ritter. Basel/Stuttgart 1965. S. 157–208.
Martini, Fritz: Schillers »Kabale und Liebe«. Bemerkungen zur Interpretation des ›Bürgerlichen Trauerspiels‹. In: Der Deutschunterricht 4 (1952) H. 5. S. 18–39.
May, Kurt: Friedrich Schiller. Idee und Wirklichkeit im Drama. Göttingen 1948.
Mayer, Hans: Schiller und die Nation. Düsseldorf 1955.
Mehring, Franz: Schiller. Ein Lebensbild für deutsche Arbeiter. Leipzig 1905.
Meyer, Herbert: Schillers Flucht. In Selbstzeugnissen, zeitgenössischen Berichten und Bildern dargestellt. Mannheim 1959.
Michelsen, Peter: Ordnung und Eigensinn. Über Schillers »Kabale und Liebe«. In: Jahrbuch des Freien Deutschen Hochstifts. 1984. S. 198 bis 222.
Moschek, Walter: Schillers zeitkritisches Drama »Kabale und Liebe« und die Möglichkeiten seiner unterrichtlichen Behandlung in der sozialistischen Schule. Diss. Leipzig 1972. [Masch.]
Müller, Ernst: Der Herzog und das Genie. Friedrich Schillers Jugendjahre. Stuttgart 1955.
Müller, Hans Georg: Lektürehilfen Friedrich Schiller, »Kabale und Liebe«. Stuttgart 1987.
Müller, Joachim: Der Begriff des Herzens in Schillers »Kabale und Liebe«. In: J. M.: Das Edle in der Freiheit. Leipzig 1959. S. 93–107.
– Schillers »Kabale und Liebe« als Höhepunkt seines Jugendwerkes. In: J. M.: Wirklichkeit und Klassik. Berlin 1955. S. 116–148.
Müller-Seidel, Walter: Das stumme Drama der Luise Millerin. In: Goethe. Neue Folge des Jahrbuchs der Goethe-Gesellschaft 17 (1955) S. 91–103.
Oellers, Norbert (Hrsg.): Schiller – Zeitgenosse aller Epochen. Dokumente zur Wirkungsgeschichte Schillers in Deutschland. T. 1: 1782 bis 1859. Frankfurt a. M. 1970. T. 2: 1860–1966. München 1976. [Zit. als: Oellers.]

Pape, Walter: »Ein merkwürdiges Beispiel productiver Kritik«. Schillers »Kabale und Liebe« und das zeitgenössische Publikum. In: Zeitschrift für deutsche Philologie 107 (1988) S. 190–211.
Pikulik, Lothar: ›Bürgerliches Trauerspiel‹ und Empfindsamkeit. Köln/Graz 1966. (Literatur und Leben N. F. Bd. 9.)
Pruskil, Friedrich: »Kabale und Liebe« oder »Luise Millerin«? In: Theater der Zeit 10 (1955) H. 5 S. 10–12.
Riesel, Elise: Studien zu Sprache und Stil von Schillers »Kabale und Liebe«. Moskau 1957.
Schillers »Kabale und Liebe« in der zeitgenössischen Rezeption. Bearb. von Hans Henning. Leipzig 1976.
Seidlin, Oskar: Schillers ›trügerische Zeichen‹: Die Funktion der Briefe in seinen frühen Dramen. In: Jahrbuch der Deutschen Schillergesellschaft 4 (1960) S. 247–269.
Stenzel, Karl: Herzog Karl Eugen und Schillers Flucht. Neue Zeugnisse aus den Papieren des Generals von Augé. Stuttgart 1936.
Storz, Gerhard: Der Dichter Friedrich Schiller. Stuttgart ³1963.
Thalheim, Hans Günther: Der württembergische Pietismus im Erfahrungshorizont des frühen Schiller. In: Weimarer Beiträge 31 (1985) S. 1823–48.
– Zeitalterkritik und Zukunftserwartung. Zur Grundkonzeption in Schillers früher Dramatik. In: Friedrich Schiller. Angebot und Diskurs. Zugänge, Dichtung, Zeitgenossenschaft. Hrsg. von Helmut Brandt. Berlin 1987. S. 141–159.
Wells, George A.: Interpretation and misinterpretation of Schiller's »Kabale und Liebe«. In: German Life and Letters. 38 (1984/85) S. 448 bis 461.
Wich, Joachim: Ferdinands Unfähigkeit zur Reue. Ein Beitrag zur Deutung von Schillers »Kabale und Liebe«. In: Literaturwissenschaftliches Jahrbuch N. F. 15 (1974) S. 1–15.
Wiese, Benno von: Friedrich Schiller. Stuttgart ³1963.
– Die Urform des Tragischen in Schillers Jugenddramen. In: B. v. W.: Die deutsche Tragödie von Lessing bis Hebbel. Hamburg ³1955. S. 176–197.
Zeller, Bernhard (Hrsg.): Schillers Leben und Werk in Daten und Bildern. Frankfurt a. M. 1966.

Erläuterungen und Dokumente

Eine Auswahl

zu Böll, *Ansichten eines Clowns.* 84 S. UB 8192

zu Büchner, *Dantons Tod.* 112 S. UB 8104 – *Lenz.* 173 S. UB 8180 – *Woyzeck.* 96 S. UB 8117

zu Droste-Hülshoff, *Die Judenbuche.* 83 S. UB 8145

zu Dürrenmatt, *Der Besuch der alten Dame.* 93 S. UB 8130 – *Die Physiker.* 243 S. UB 8189 – *Romulus der Große.* 96 S. UB 8173

zu Eichendorff, *Aus dem Leben eines Taugenichts.* 120 S. UB 8198

zu Fontane, *Effi Briest.* 168 S. UB 8119 – *Frau Jenny Treibel.* 111 S. UB 8132 – *Grete Minde.* 80 S. UB 8176 – *Irrungen, Wirrungen.* 148 S. UB 8146 – *Schach von Wuthenow.* 155 S. UB 8152 – *Der Stechlin.* 181 S. UB 8144

zu Frisch, *Andorra.* 88 S. UB 8170 – *Biedermann und die Brandstifter.* 128 S. UB 8129 – *Homo faber.* 196 S. UB 8179

zu Goethe, *Egmont.* 144 S. UB 8126 – *Götz von Berlichingen.* 176 S. UB 8122 – *Iphigenie auf Tauris.* 112 S. UB 8101 – *Die Leiden des jungen Werther.* 192 S. UB 8113 – *Novelle.* 160 S. UB 8159 – *Torquato Tasso.* 251 S. UB 8154 – *Urfaust.* 168 S. UB 8183 – *Die Wahlverwandtschaften.* 228 S. UB 8156 – *Wilhelm Meisters Lehrjahre.* 398 S. UB 8160

zu Gotthelf, *Die schwarze Spinne.* 93 S. UB 8161

zu Grass, *Katz und Maus.* 192 S. UB 8137

zu Hauptmann, *Bahnwärter Thiel.* 54 S. UB 8125 – *Der Biberpelz.* 104 S. UB 8141 – *Die Ratten.* 183 S. UB 8187

zu Heine, *Deutschland. Ein Wintermärchen.* 208 S. UB 8150

zu Hesse, *Demian. Die Geschichte von Emil Sinclairs Jugend.* 86 S. UB 8190 – *Der Steppenwolf.* 156 S. UB 8193

zu Hoffmann, *Das Fräulein von Scuderi.* 136 S. UB 8142 – *Der goldne Topf.* 160 S. UB 8157 – *Klein Zaches genannt Zinnober.* 170 S. UB 8172

zu Ibsen, *Nora (Ein Puppenheim).* 86 S. UB 8185

zu Kafka, *Der Proceß*. 230 S. UB 8197 – *Das Urteil*. 144 S. UB 16001 – *Die Verwandlung*. 181 S. UB 8155

zu Keller, *Das Fähnlein der sieben Aufrechten*. 87 S. UB 8121 – *Kleider machen Leute*. 108 S. UB 8165 – *Romeo und Julia auf dem Dorfe*. 88 S. UB 8114

zu Kleist, *Amphitryon*. 160 S. UB 8162 – *Das Erdbeben in Chili*. 151 S. UB 8175 – *Das Käthchen von Heilbronn*. 162 S. UB 8139 – *Die Marquise von O…* 125 S. UB 8196 – *Michael Kohlhaas*. 111 S. UB 8106 – *Penthesilea*. 159 S. UB 8191 – *Prinz Friedrich von Homburg*. 237 S. UB 8147 – *Der zerbrochne Krug*. 157 S. UB 8123

zu J. M. R. Lenz, *Der Hofmeister*. 183 S. UB 8177 – *Die Soldaten*. 88 S. UB 8124

zu Lessing, *Emilia Galotti*. 109 S. UB 8111 – *Minna von Barnhelm*. 111 S. UB 8108 – *Miß Sara Sampson*. 93 S. UB 8169 – *Nathan der Weise*. 167 S. UB 8118

zu H. Mann, *Der Untertan*. 162 S. UB 8194

zu Th. Mann, *Mario und der Zauberer*. 104 S. UB 8153 – *Der Tod in Venedig*. 196 S. UB 8188 – *Tonio Kröger*. 102 S. UB 8163 – *Tristan*. 96 S. UB 8115

zu Mörike, *Mozart auf der Reise nach Prag*. 117 S. UB 8135

zu Novalis, *Heinrich von Ofterdingen*. 236 S. UB 8181

zu Schiller, *Don Carlos*. 238 S. UB 8120 – *Die Jungfrau von Orleans*. 160 S. UB 8164 – *Kabale und Liebe*. 147 S. UB 8149 – *Maria Stuart*. 214 S. UB 8143 – *Die Räuber*. 232 S. UB 8134 – *Die Verschwörung des Fiesco zu Genua*. 263 S. UB 8168 – *Wallenstein*. 294 S. UB 8136 – *Wilhelm Tell*. 111 S. UB 8102

zu Shakespeare, *Hamlet*. 264 S. UB 8116

zu Storm, *Hans und Heinz Kirch*. 94 S. UB 8171 – *Immensee*. 88 S. UB 8166 – *Der Schimmelreiter*. 101 S. UB 8133

zu Tieck, *Der blonde Eckbert / Der Runenberg*. 85 S. UB 8178

zu Wedekind, *Frühlings Erwachen*. 204 S. UB 8151

zu Zuckmayer, *Der Hauptmann von Köpenick*. 171 S. UB 8138

Philipp Reclam jun. Stuttgart

Friedrich Schiller

EINZELAUSGABEN IN RECLAMS UNIVERSAL-BIBLIOTHEK

Die Braut von Messina. 165 S. UB 60
Demetrius. 144 S. UB 8558
Don Carlos, Infant von Spanien. 192 S. UB 38 – dazu *Erläuterungen und Dokumente.* 238 S. UB 8120
Gedichte. 192 S. UB 7714
Der Geisterseher. 242 S. UB 7435
Die Jungfrau von Orleans. 128 S. UB 47 – dazu *Erläuterungen und Dokumente.* 160 S. UB 8164
Kabale und Liebe. 128 S. UB 33 – dazu *Erläuterungen und Dokumente.* 147 S. UB 8149
Kallias oder über die Schönheit. Über Anmut und Würde. 173 S. UB 9307
Maria Stuart. 192 S. UB 64 – dazu *Erläuterungen und Dokumente.* 214 S. UB 8143
Die Räuber. 168 S. UB 15 – dazu *Erläuterungen und Dokumente.* 232 S. UB 8134
Turandot, Prinzessin von China. 91 S. UB 92
Über die ästhetische Erziehung des Menschen in einer Reihe von Briefen. 150 S. UB 8994
Über naive und sentimentalische Dichtung. 127 S. UB 7756
Der Verbrecher aus verlorener Ehre und andere Erzählungen. 70 S. UB 8891
Die Verschwörung des Fiesco zu Genua. 120 S. UB 51 – dazu *Erläuterungen und Dokumente.* 263 S. UB 8168
Vom Pathetischen und Erhabenen. 158 S. UB 2731
Wallenstein. I *Wallensteins Lager. Die Piccolomini.* 128 S. UB 41. II *Wallensteins Tod.* 128 S. UB 42. Zu I u. II: *Erläuterungen und Dokumente.* 294 S. UB 8136
Wilhelm Tell. 112 S. UB 12 – dazu *Erläuterungen und Dokumente.* 111 S. UB 8102

Interpretationen: Schillers Dramen. 431 S. UB 8807

Philipp Reclam jun. Stuttgart